Walter Kowalczyk/
Klaus Ottich

Die beste Schule für mein Kind

Entscheidungshilfen für die Wahl der weiterführenden Schule

Cornelsen
SCRIPTOR

Die in diesem Werk angegebenen Internetadressen haben wir überprüft (Redaktionsschluss 31.5.2003). Dennoch können wir nicht ausschließen, dass unter einer solchen Adresse inzwischen ein ganz anderer Inhalt angeboten wird.

Cornelsen online www.cornelsen.de

Gedruckt auf chlorfrei gebleichtem Papier
ohne Dioxinbelastung der Gewässer.

Bibliografische Information
Die Deutsche Bibliothek verzeichnet diese Publikation in der Deutschen Nationalbibliografie; detaillierte bibliografische Daten sind im Internet über http://dnb.ddb.de abrufbar.

5.	4.	3.	2.	1.	Die letzten Ziffern bezeichnen
07	06	05	04	03	Zahl und Jahr der Auflage.

Konzeption und Redaktion: lüra – Klemt & Mues GbR, Wuppertal
Typografisches Konzept: Magdalene Krumbeck, Wuppertal
Fotos: Dirk Krüll, Panama / laif, Düsseldorf
Umschlaggestaltung: Magdalene Krumbeck, Wuppertal
Satz: stallmeister publishing, Wuppertal
Druck und Bindearbeiten: Clausen & Bosse, Leck
Printed in Germany
ISBN 3-589-21579-8
Bestellnummer 215798

Inhalt

Vorwort 5

Erste Überlegungen 6

Begabung feststellen ... 7

- Logisches Denken ... 8
- Sprachliche Fähigkeiten ... 8
- Räumliches Vorstellungsvermögen ... 9
- Praktische Begabung ... 9
- Sportlichkeit und Körperkoordination ... 10
- Kreativität ... 10
- Musikalität ... 10

Lern- und Arbeitseinstellung ... 11

Die eigenen Erwartungen prüfen ... 12

Selbsteinschätzung der Kinder ... 17

Auch die Lehrer machen sich ein Bild ... 18

Eine schwierige Entscheidung 20

Der rechtliche Rahmen ... 21

Entscheidungshilfe: „Zeugnis“ ... 23

Entscheidungshilfe: „Empfehlung“ . 25

Entscheidungshilfen: Lernplan und Portfolio ... 29

Entscheidungshilfen: Prüfarbeiten und Probeunterricht .. 32

Entscheidungshilfe: Beratungsgespräch ... 34

Entscheidungshilfe: Schulpsychologische Laufbahnberatung ... 37

Wenn die Einschätzungen auseinander gehen ... 39

Informationen über das Schulsystem ... 42

Im Kampf gegen Vorurteile – die Hauptschule ... 42

Eine Alternative: Privatschulen ... 50

Internate ... 54

Eine gute Wahl 56

So gehen Sie auf Nummer sicher ... 57

- Frage 1: Was lernen die Schülerinnen und Schüler an dieser Schule? ... 59
- Frage 2: Wie lernen die Schülerinnen und Schüler an dieser Schule? ... 59
- Frage 3: Hat die Schule ein Schulprogramm? ... 59

Frage 4: Arbeiten die Lehrer im Team? Tauschen sie sich regelmäßig aus? 60
Frage 5: Bildet sich das Kollegium systematisch fort? 60
Frage 6: Arbeitet die Schule mit anderen Partnern zusammen? 60
Frage 7: Bewertet die Schule regelmäßig die Qualität der pädagogischen Arbeit? 61
Frage 8: Werden die Schüler, die Eltern und die späteren „Abnehmer" der Schule regelmäßig nach ihrer Zufriedenheit gefragt? 61
Frage 9: Bezieht die Schulleitung Lehrer, Schüler und Eltern in Entscheidungen und Planungen ein? 61
Frage 10: Fördert die Schule die aktive Elternarbeit? 61
Hilfreich in der Orientierungsstufe 62
Und zu guter Letzt: Augen auf! 63

Der Übergang **66**
Den Wechsel vorbereiten 67
Angebote der neuen Schule nutzen 68
Den Schulweg erkunden 70
Ein guter Start in die neue Schule . . . 70

Häufige Sorgen von Eltern **74**
Soll mein Kind selbst entscheiden? 74
Kann ich mein Kind zur Hauptschule schicken, wenn alle Freunde zur Realschule gehen? . . 74
Hat mein Kind wirklich keine Chance, die angestrebte Schule zu schaffen? 75
Sollen wir es nicht wenigstens riskieren? 75
Hat man ohne Abitur eine Chance im Job? 76
Was tun, wenn der Ruf der Wunschschule schlecht ist? . . 76
Was tun, wenn die Familie nicht einig ist? 77
Fordert eine anspruchsvolle Schule zum Lernen heraus? 77

Falsch entschieden – was jetzt? **78**
Es gibt immer einen Weg 80

Es geht auch anders 82
Schullaufbahnberatung 83

Serviceteil **78**
Die Übergangsregelungen der Länder 84

Vorwort

Eine gute Schule erkennt man nicht an der Schulform. Jede Schule hat ihre eigenen Stärken, aber auch Schwächen – keine ist wie die andere. Und zugleich ist kein Kind wie das andere. Herauszufinden, welche Schule für ein Kind die passende ist, ist nicht immer leicht: Ist allein die Leistung entscheidend? Sollten die Noten ausschlaggebend sein oder können auch andere Beurteilungen eine Rolle spielen? Wie können Sie selbst Ihr Kind einschätzen? Welche Schule ist die richtige, wo wird Ihr Kind bestmöglich gefördert?
Dieser Band gibt Orientierungs- und Entscheidungshilfe bei der Auswahl des zukünftigen Bildungsweges. Um Ihnen und Ihrem Kind diese Entscheidung zu erleichtern, bedarf es unterschiedlicher Informationen. Sie müssen wissen, welche unterschiedlichen Wege und Möglichkeiten unser Bildungssystem bereitstellt und wie Sie beurteilen können, welche Schule für Ihr Kind geeignet ist: Welche Aussichten hat Ihr Kind? Wie sehen seine Zukunftschancen an der neuen Schule aus?

Prüfen Sie die neue Schule auf Herz und Nieren!

In alle Bände dieser Reihe fließt neben der Erfahrung von Eltern auch die von Lehrkräften ein: Sie erfahren, welche Lösungen bei Problemen im schulischen Alltag vernünftig sein könnten und wie man sie durchsetzt. Im Alltag erprobte Anregungen helfen Ihnen, für Ihr Kind zu Hause eine förderliche Umgebung zu schaffen, in der es seine Fähigkeiten und Begabungen optimal entwickeln kann.

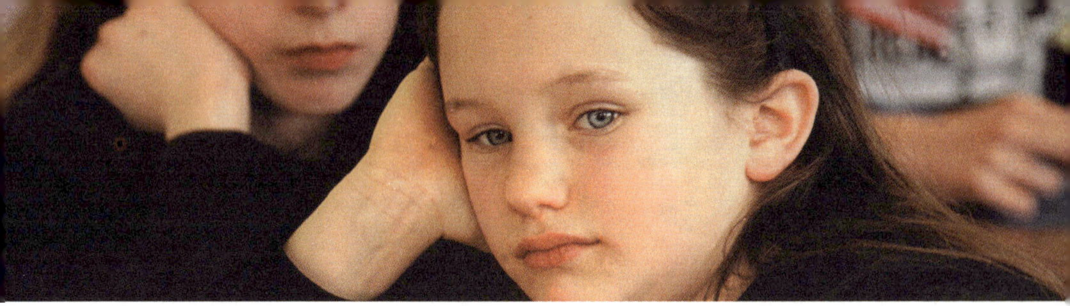

Erste Überlegungen

Alle Eltern wollen das Beste für ihr Kind. Wenn das Beste für alle Kinder gleichermaßen eine bestimmte Schulart wäre, könnten alle dort hingehen. Dann gäbe es nur eine Schule für alle. So ist das deutsche Schulsystem jedoch nicht angelegt.
Außerdem sind Kinder nicht vergleichbar, jedes ist anders. Manche kommen mit knapp sechs Jahren in die Schule, andere sind dann schon sieben Jahre alt. Jüngere Kinder können von ihren älteren Geschwistern schon vieles abschauen. Vieles ist „anders", ohne dass jemand irgendetwas „falsch" gemacht hat.

Das Ziel ist wichtig – der Weg dorthin aber auch!

Für manche Kinder bedeutet die Wahl der für sie unangemessenen Schule, dass sie einen hohen Preis für einen möglicherweise „höheren" Bildungsabschluss zahlen müssen: zu wenig Freizeit, zu viel Stress und Prüfungsangst, ein schwindendes Selbstwertgefühl.
Erstes Ziel für alle Kinder sollte im Idealfall ein guter Schulabschluss nach dem 10. Schuljahr sein. Wer dieses Ziel erreicht, hat die Eintrittskarte für den weiteren Schul- und Berufsweg in der Tasche. Die allgemeine Schulpflicht ist erfüllt – der Rest ist freiwillig. Wer jetzt noch weiterhin zur Schule gehen will und kann, sollte das tun. Wer aber mit 16 oder 17 Jahren (zumindest vorerst) genug von der Schule hat, nimmt einen anderen Weg zu seinem Ziel.
Gute Eltern erkennt man nicht an der Wahl der anspruchsvollsten Schulart, sondern an der Entscheidung für die ihrem Kind angemessene Schulart.

Alle Eltern versuchen, gute Eltern zu sein. Das ist nicht einfach und gelingt selten problemlos. Doch bei der Wahl der weiterführenden Schule sollten Sie viel Sorgfalt bei der Vorbereitung der Entscheidung walten lassen. Im besten Falle läuft Ihr Kind dort zur Hochform auf. Wenn Ihrer Wahl die vielschichtigen Überlegungen vorausgegangen sind, zu denen Sie dieses Buch anregen möchte, steht einer verantwortungsbewussten Entscheidung nichts im Wege.

Begabung feststellen

Vor dem Schulwechsel werden die Fähigkeiten Ihres Kindes von unterschiedlichster Seite eingeschätzt und beurteilt. Nicht nur die Lehrerin, der Lehrer hat eine Vorstellung vom Potenzial des Kindes, sondern auch Sie als Eltern und nicht zuletzt das Kind selbst. Doch worauf begründen sich diese Einschätzungen? Spiegelt sich die Begabung eines Schülers wirklich in den Schulnoten wider oder gibt es andere Methoden, die individuellen Leistungsmöglichkeiten eines Kindes einzuschätzen?
Was ist überhaupt Begabung? Begabung ist die Befähigung, bestimmte Leistungen zu erbringen. Sie ist bei jedem Einzelnen unterschiedlich stark ausgeprägt. Bevor Sie über den weiteren Schulweg Ihres Kindes entscheiden, sollten Sie sich ein Bild von seiner Begabung machen. Dabei sollten Sie die folgenden Leistungsfelder in Betracht ziehen und darüber nachdenken, auf welchen Gebieten Ihr Kind begabter, auf welchen es weniger begabt ist:

- Logisches Denken
- Sprachliche Fähigkeiten
- Räumliches Vorstellungsvermögen

Noten allein sagen nicht aus, welche Begabung Ihr Kind hat. Es ist jedoch wichtig für die Wahl der weiterführenden Schule, sein Potenzial gut zu kennen. Deshalb sollten Sie herausfinden, was Ihr Kind kann und wo seine besonderen Talente liegen.

- Praktische Begabung
- Sportlichkeit und Körperkoordination
- Kreativität
- Musikalität.

Wie finden Sie aber heraus, was Ihr Kind in welchen Bereichen leisten kann?

Logisches Denken

Kinder, die ihre besondere Stärke im logischen Denken haben, sind unermüdliche „Warum-Frager". Sie wollen den Dingen auf den Grund gehen und geben sich selten mit einer unvollständigen Antwort zufrieden. Sie beschäftigen sich gern mit Zahlen, lernen schnell die Regeln von logischen Spielen wie Schach und beherrschen das neue Computerprogramm schnell. Sie sind von der Technik fasziniert und nehmen Gegenstände und Geräte auch schon einmal auseinander, um herauszufinden, wie sie funktionieren.

Logisch gut begabte Kinder glänzen vor allem im Fach Mathematik.

Prüfen Sie:

- Kann mein Kind selbstständig denken, sich leicht abstrakte Dinge vorstellen und logische Schlüsse ziehen?
- Denkt mein Kind kritisch, kann es Wichtiges von Unwichtigem unterscheiden und eigene Lösungswege suchen?
- Kann sich mein Kind dauerhaft merken, was es gelernt hat?

Sprachliche Fähigkeiten

Ein sprachlich begabtes Kind hat keine Mühe, seine Gedanken und Gefühle in präzise Worte zu fassen, und besitzt einen großen, vielseitigen Wortschatz, den es gern zur Kommunikation einsetzt. Es spricht flüssig und erzählt besonders anschaulich und lebendig. Tendenziell lesen sprachlich begabte Kinder sehr gern und haben auch keine Probleme, Aufsätze oder Diktate zu schreiben. Sie interessieren sich für Fremdsprachen und schnappen meist schon in jungen Jahren ein paar Worte in einer fremden Sprache auf, die sie leicht behalten und richtig anwenden.

Prüfen Sie:

- Kann das Kind Gesehenes sprachlich gut wiedergeben?
- Wie genau und wie schnell kann es sprachliche Informationen in Handlungen umsetzen?
- Wie formuliert es Sätze, wie sind diese Sätze strukturiert (einfacher Satzbau oder umfangreiche Satzverbindungen)?

Räumliches Vorstellungsvermögen

Als räumliches Vorstellungsvermögen bezeichnet man die Fähigkeit, sich Gegenstände vorstellen zu können und Muster und Strukturen zu erkennen. Es hilft, sich sehr gut zu orientieren und zum Beispiel nach einer Wanderung leicht wieder den Weg nach Hause zu finden. In der Schule tut sich ein derart begabtes Kind besonders im Zeichenunterricht hervor, wo es durch seine genaue Wiedergabe von Größenverhältnissen und Details auffällt.

Prüfen Sie:

- Kann mein Kind räumliche Beziehungen durchschauen und in Zeichnungen ausdrücken?
- Liest es gern und richtig Land- und Straßenkarten?

Praktische Begabung

Praktisch begabt sind Kinder, die bevorzugt mit ihren Händen arbeiten, gut mit Handwerkszeug und Materialien umgehen können und Spaß daran haben, technische Probleme zu lösen. Solche Kinder reparieren und basteln gern und besitzen sowohl das körperliche Geschick (Fein- und Grobmotorik) als auch das technische Verständnis, handwerkliche Aufgaben zu erledigen. Sie interessieren sich für die Funktionsweise der Dinge und nehmen deswegen gern „alles auseinander".

Prüfen Sie:

- Zeigt mein Kind Verständnis und Begeisterung für technische Zusammenhänge und Abläufe?
- Arbeitet es gern mit den Händen?
- Packt es die Dinge lieber an, anstatt darüber zu reden?

Tipp

Wichtig ist, sich nicht nur über eine angemessene Schulform Gedanken zu machen, sondern auch einzelne Schulen gezielt zu prüfen und Unterschiede festzustellen. Nicht jedes Gymnasium ist wie das andere; nicht alle Hauptschulen sind gleich!

Sportlichkeit und Körperkoordination

Ein Kind, das schwierige Bewegungsabläufe gut koordinieren kann, viel Ausdauer, Kraft und auch Schnelligkeit besitzt, ist sportlich begabt. Es hat Spaß an der Bewegung und keine Mühe, sich auf neue körperliche Anforderungen einzustellen. Außerdem besitzt es ein gutes Gefühl für Balance und ein schnelles Reaktionsvermögen, das ihm besonders bei Ballsportarten Erfolge bringt.

Prüfen Sie:

- Hat mein Kind besondere Freude an der Bewegung, zeigt es dabei auch besondere Leistungen?
- Lernt es schnell neue Bewegungsabläufe?

Kreativität

Kreative Kinder haben viel Fantasie und erfinden gern Spiele, Geschichten oder „neue Geräte“. Sie haben eine große Vorstellungskraft und arbeiten ihre Ideen häufig bis ins Detail aus. Außerdem improvisieren sie gern, sind spontan und ziehen im Allgemeinen das Komplizierte dem Einfachen vor.

Prüfen Sie:

- Erfindet mein Kind kleine Reime, Abwandlungen von Liedern oder neue Regeln für bekannte Spiele?
- Hat es viele gute Ideen, die auch andere begeistern?

Musikalität

Musikalische Kinder erkennt man an ihrer Fähigkeit, Klänge und Tonabfolgen richtig zu hören und wiederzugeben. Das Kind kann Lieder leicht unterscheiden und hat früh eine eigene Meinung darüber, welche Musik ihm gefällt. Es singt und trommelt gern und richtig mit, wenn es Musik hört, und erkennt einen Rhythmus ebenso schnell, wie es eine Melodie nachsingen kann.

Prüfen Sie:

- Hat mein Kind ein Gefühl für Rhythmus und Tonabfolgen?
- Singt es gern und richtig und hat es Ambitionen, ein Instrument zu lernen?

Logisches Denken und sprachliche Kompetenz sind besonders wichtig, wenn Sie daran denken, Ihr Kind in einem Gymnasium anzumelden. Der Eintritt in eine Haupt- oder Realschule setzt hingegen vor allem eine praktische Begabung voraus. Liegt der Begabungsschwerpunkt Ihres Kindes jedoch im Bereich Sport oder Musik, sollten Sie sich gezielt danach erkundigen, welche Schulen in Ihrer Umgebung solche Begabungen besonders fördern. Beziehen Sie also das Begabungsprofil Ihres Kindes bei der Wahl der weiterführenden Schule in Ihre Überlegungen mit ein.

Lern- und Arbeitseinstellung

Neben der Begabung spielt auch die Leistungsfähigkeit Ihres Kindes eine Rolle. Denn nicht jeder Mensch, der über die Voraussetzungen für hohe Leistungen verfügt, zeigt auch hohe Leistungen. Der Begriff „Begabung" bezeichnet nur das Potenzial eines Menschen, „Leistung" hingegen das Ergebnis der Anstrengungen in einem Bereich wie beispielsweise der Schule. Man kann aber weder aus guten Schulleistungen mit hinreichender Genauigkeit auf eine hohe Begabung, noch aus schlechten Schulleistungen mit hinreichender Genauigkeit auf eine niedrige Begabung schließen. Sehr gute Schulleistungen erfordern neben einer mindestens durchschnittlich ausgeprägten Begabung auch weitere Fähigkeiten oder

Intelligenz allein genügt noch nicht. Ausdauer, Arbeitshaltung und Belastbarkeit haben für den Schulerfolg ebenfalls eine große Bedeutung; mitunter sind sie wichtiger als die Begabung.

Tipp

Sprechen Sie regelmäßig im Kreis der Familie über die schulischen Erlebnisse des Kindes und zeigen Sie Interesse für seine Hausaufgaben. So entwickeln Sie ein Gespür dafür, wie die Leistungen Ihres Kindes einzuschätzen sind. Sie sehen, ob Ihrem Kind Aufgaben leicht oder schwer fallen und ob es aus Unverständnis oder Flüchtigkeit Fehler macht.

Fertigkeiten, insbesondere ein angemessenes Arbeitsverhalten und Fleiß: Lateinvokabeln müssen gepaukt werden, egal wie intelligent der Schüler oder die Schülerin ist.

Neben der Begabung sind also auch Persönlichkeitsmerkmale wie Fleiß, Neugier und Ehrgeiz von Bedeutung. Zusätzlich spielt es eine große Rolle, in welcher Familie ein Kind aufwächst, welche Anregungen es dort bekommt und wie es in seiner Entwicklung unterstützt wird. Wichtig ist zudem, ob es in der Schule in seinem Lernverhalten bestärkt oder vielleicht sogar behindert wird.

Persönlichkeitsmerkmale

- Stressbewältigung
- Leistungsmotivation
- Arbeits- und Lernstrategien

Begabungsfaktoren

- intellektuelle Fähigkeit
- Musikalität
- Kreativität
- soziale Kompetenz
- Psychomotorik

Umweltmerkmale

- Familie
- Klasse/Schule
- Freizeit/Gleichaltrige

Leistung

- Sport
- Sprachen
- Naturwissenschaften
- Kunst (Musik, Malen)
- Technik
- abstraktes Denken
- Mathematik
- soziale Beziehungen

Die eigenen Erwartungen prüfen

Für welche weiterführende Schule Sie sich auch entscheiden werden – diese Wahl sagt auch viel über Sie selbst. Versuchen Sie zunächst, sich selbst Klarheit darüber zu verschaffen, welche Überlegungen den Entscheidungsprozess bisher bestimmt haben.

Schätzen Sie Ihr Kind ein

Fragen Sie sich, welche Lerneinstellung Ihr Kind hat und wo die Schwerpunkte seiner Begabung liegen. Erst die Kombination beider Bereiche ermöglicht einen umfassenden Eindruck!

- Äußert Ihr Kind immer wieder den Wunsch, auf eine bestimmte Schule zu gehen?
- Kann es seine Wahl mit vernünftigen Gründen untermauern?
- Arbeitet Ihr Kind selbstständig?
- Welche Einstellung hat es zum Lernen, zur Schule und zu den Hausaufgaben?
- Mit wie viel Aufwand hat es seine Grundschulnoten erreicht?
- Wie viel Unterstützung hat es benötigt?
- Ist das Kind interessiert an neuen, ihm unbekannten Dingen? Ist es neugierig, ist es wissbegierig?
- Geht es mit Zuversicht an neue Aufgaben heran oder ist es eher skeptisch/ängstlich?
- Möchte es aus eigenem Antrieb lernen oder strebt es eher nach Belohnung und Lob?
- Erledigt mein Kind seine Aufgaben mit Gewissenhaftigkeit und Sorgfalt?
- Wie zügig arbeitet es? Teilt es sich seine Arbeits- und Freizeit sinnvoll ein?
- Ist es bereit und daran gewöhnt, in Lerngruppen produktiv mitzuarbeiten?
- Wie stark beeinflussen unterschiedliche Lehrerpersönlichkeiten oder Klassengrößen mein Kind?
- Wie abhängig ist es von den Erwartungen der Eltern und Freunde?

Das Kind soll so werden wie ich ...

Die vierzehnjährige Svenja ließ sich gern die Tipps ihrer Mutter gefallen und richtete sich in Kleidungsfragen nach deren Geschmack. Die Jugendliche sprach auch in der Art der Mutter und entwickelte die gleichen Interessen. Sie spielte so gut Tennis wie die Mutter, sie töpferte und malte wie diese. Über Jungen fand sie so herablassende Worte wie die Mutter über Männer. Stolz blickte die Mutter auf die hübsche Tochter, sah mit Bewunderung auf ihr verjüngtes Ebenbild.

Achten Sie darauf, dass Ihre Erwartungen Ihrem Kind nicht im Wege stehen!

Diese nach außen hin souverän auftretende Frau fühlte sich aber in ihrem Inneren permanent bedroht: von einem zerbrechlichen Selbstwertgefühl. Bereits bei kleinen Misserfolgen zerbrach ihr Bild von sich selbst, nämlich schön und erfolgreich zu sein. In ihrer Tochter fand sie sich nun positiv verwandelt wieder und fühlte sich im eigenen Wert gestärkt. Dem Mädchen aber erschwerte es das Bemühen, seine eigene Persönlichkeit zu entwickeln. Zu Konflikten kam es, als Svenja danach strebte, sich von der Mutter zu unterscheiden, und begann, eigene Wege zu gehen.

Die unausgesprochenen oder auch unbewussten Erwartungen der Mutter stehen Svenjas Entwicklung zu einer eigenständigen Persönlichkeit im Wege. Bestimmen derartige Erwartungen auch die Wahl der weiterführenden Schule, ist diese also mehr von den Vorstellungen der Eltern als von den Fähigkeiten des Kindes geprägt, können Schwierigkeiten auftreten.

Die Last der Erwartung

Bastian schafft nur aufgrund der vereinten Bemühungen seiner Eltern die Aufnahmeprüfung fürs Gymnasium: Die Misere ist absehbar. In Mathematik erleidet er bald einen Misserfolg nach dem anderen. Die Eltern organisieren Nachhilfeunterricht und schalten die Schulpsychologin ein. Alle sind freundlich zu dem Kind, alle wollen ihm helfen. Der Vater spricht beschwörend von einer „erfolgreichen Schullaufbahn“, die es ermögliche, einen akademischen Beruf zu ergreifen. Zunehmend gedrückter schleppt sich der

Junge durch die Schuljahre, immer im „Vorrücken gefährdet“, wie es in den Schulzeugnissen heißt. Zu seinem Misserfolgsfach Mathematik kommt Französisch hinzu. Jetzt stehen zwei Fünfen im Zeugnis: „Nicht versetzt!“. Also auf in die Nachprüfung. Die Ferien fallen aus; es muss ja gepaukt werden. Zu den Nachhilfestunden gesellt sich ein Ferien-Sprachkurs in Frankreich – wegen der zweiten Fünf. Die Nachprüfung klappt. Aber weiter geht es – wie schon vorher – nur mit Hängen und Würgen. Die Eltern beginnen mitzuleiden, zumal sich psychosomatische Symptome einstellen: Brechreiz und Schwindelgefühl. Vater und Mutter, beide Akademiker, verlassen ihre bisherige Marschroute und bemühen sich um einen „Blick von außen“, um Beratung durch einen Schulpsychologen. Intensive Gespräche machen sie auf den eigenen Ehrgeiz aufmerksam, den sie auf ihr Kind richten. Daraufhin wägen sie in Ruhe ab, ob das gegenwärtige Unglück des Jungen tatsächlich durch ein erhofftes späteres „Glück“ gerechtfertigt werden kann. Sie springen über ihren Schatten; der Junge tritt in die Realschule über. Dort hat er wieder Erfolg, vor allem entfaltet sich seine besondere Begabung im Zeichnen, Malen und im künstlerischen Gestalten.

Jetzt erwacht in Bastian der Berufswunsch, Grafik-Designer zu werden. Nach dem Realschulabschluss besucht er eine Fachschule für Grafik-Design und kann durch gute Leistungen sein verletztes Selbstwertgefühl allmählich stärken. Er gewinnt Freude am Lernen und entwickelt einen außerordentlichen Arbeitseifer. Nach seiner Ausbildung wird er vielleicht einmal ein erfolgreicher Grafiker, der aus seinem Beruf auch viel persönliche Befriedigung zieht.

Alle Eltern sollten eine Faustregel beherzigen: Lieber ein glückliches Kind auf einer Haupt- oder Realschule als ein überfordertes, gestresstes Kind auf dem Gymnasium!

Prüfen Sie in einer ruhigen Stunde Ihre inneren Erwartungen. Machen Sie sich bewusst, dass Sie Ihr Kind anders beurteilen als die Umwelt. Denn wenn Eltern an ihr Kind denken,

- sehen sie es – anders als der Lehrer – als Einzelwesen in ganz bestimmten Situationen.
- wollen sie, dass ihr Kind es einmal besser hat im Leben als sie selbst.
- wollen sie ihm deshalb gute Berufschancen eröffnen.
- geschieht dies oft auf der Grundlage eigener negativer Schulerfahrungen.
- sind sie nicht selten davon überzeugt, dass ihr Kind mehr leisten könnte.

Diese ganz persönlichen Überlegungen fließen in die Erwartungen der Eltern an ihr Kind ein. Wohl jede Mutter und jeder Vater möchte, dass das eigene Kind in der Schule gut abschneidet. Diese Erwartungen können sich lernanregend, aber auch lernstörend auswirken. Am besten ist es sicher, dem Kind ein optimistisches Zutrauen entgegenzubringen. Versuchen Sie, Überforderung zu vermeiden. Dann wird Ihr Kind zuversichtlich sein und Bereitschaft zum Lernen zeigen. Geraten Kinder hingegen durch zu hohe Erwartungen unter seelischen Druck, kann das Lernen gestört werden. Angstgefühle, Versagen und Resignation sind die Folge.

Erwartungen können Ansporn oder Hemmnis sein.

Dass Eltern Hoffnungen in ihre Kinder setzen, ist natürlich, wenn sie aber ihrem Kind eine bestimmte Rolle zuweisen (oft ohne es zu merken), wird es problematisch. Es geht dann meist darum, eigene unerfüllte Wünsche noch nachträglich zu verwirklichen oder eigene Enttäuschungen vergessen zu machen. Oder es wird eingespannt, elterliche Ideale zu erfüllen: „Ein Instrument zu erlernen, war mir damals nicht möglich. Mein Kind hat jetzt die Chance dazu. Es sollte sie auch nutzen!“ Manche Eltern meinen, dem Kind bleibe verschlossen, was sie unbewusst von ihm erwarten. Dies ist ein Irrtum. Gerade Kinder nehmen unbewusste Wünsche und Konflikte der Eltern feinfühlig wahr. Diese müssen sich deshalb fragen, ob sie in ihr Kind Eigenschaften „hineinsehen“, die in Wirklichkeit ihrem eigenen Wunschdenken entstammen.

Selbsteinschätzung der Kinder

Im Vergleich zu den Erwartungen der Eltern schätzen die Kinder selbst ihre Möglichkeiten weniger optimistisch ein. In einer Untersuchung der Universität Marburg gaben auf die Frage nach dem gewünschten Schulabschluss nur etwa 40 Prozent der Kinder an, Abitur machen zu wollen. Die Erwartungshaltung der Eltern lag erheblich darüber. Viele Schüler und Schülerinnen wissen am Ende der Grundschulzeit überhaupt noch nicht, welchen Abschluss sie ablegen wollen. Die Forscher haben festgestellt, dass vor allem Kinder, deren Eltern selbst kein Abitur haben, keinen bestimmten Abschluss anstreben. In Familien, in denen beide Eltern das Abitur erreicht haben, machen sich die Kinder früher Gedanken über ihren Abschluss und wünschen sich meist, ebenfalls Abitur zu machen. In der Studie wird deutlich, dass der Haupt- oder Realschulabschluss für solche Kinder keine Option darstellt. Es kann also keinesfalls schaden, wenn Sie mit Ihrem Kind gemeinsam die Möglichkeiten durchdenken: Welche Schulform führt zu welchen Berufs- oder Lebenschancen? Kinder werden die Folgen der Schulwahl nicht abschätzen können, die Entscheidung müssen letztlich die Eltern treffen.

Der Schulabschluss der Eltern beeinflusst ein Kind in seiner eigenen Schullaufbahn.

Wenn Kinder an ihren Erfolg glauben, sind sie leistungsbereiter.

Tipp

Auch außerhalb der Elternsprechtage sind die Lehrerinnen und Lehrer gehalten, auf Wunsch der Eltern Gesprächstermine zu vereinbaren. Erkundigen Sie sich nach der Sprechstunde oder bitten Sie um einen Gesprächstermin. Wenn nicht anders möglich, dann können Sie nach einem Termin außerhalb der Unterrichtszeit fragen.

Auch die Lehrer machen sich ein Bild

Die Lehrerinnen und Lehrer, die Ihr Kind durch die Grundschule begleiten, haben einen anderen Blick als Sie:

- Die Lehrkräfte sehen Ihr Kind im Vergleich zu den anderen Schülern in der Klasse und im Vergleich zu anderen Jahrgängen.
- Sie sehen es vorwiegend in Gruppensituationen.
- Sie kennen die Anforderungen der weiterführenden Schulen.
- Sie kennen die Leistungsfähigkeit und -bereitschaft des Kindes in der Klassensituation.

Aufgrund ihrer Erfahrung kennen Lehrerinnen und Lehrer auch die Schicksale von so genannten „Schulversagern“ und deren leidvolle Schullaufbahnen. Gehen Sie zunächst davon aus, dass auch die Lehrer nur das Beste für Ihr Kind erreichen wollen. Sie sollten ihren Erfahrungsschatz für sich nutzen und ein beratendes Gespräch suchen.

Fragen Sie nach dem Eindruck des Klassenlehrers. Die Checkliste auf Seite 13 hat Ihnen geholfen, Ihr eigenes Bild von Ihrem Kind zu entwickeln. Richten Sie dieselben Fragen nun an den Lehrer, die Lehrerin. Vermutlich wird er oder sie Ihrem Bild einige neue Facetten hinzufügen können. Je umfassender Sie Ihr Kind kennen, desto sicherer werden Sie die passende Schule wählen können.

Eltern und Pädagogen sollten sich bewusst machen, wie förderlich es sich auswirkt, wenn sie den Schülern signalisieren: „Wir kommen durch unsere Arbeit gemeinsam voran.“ Zu erleben „Die trauen mir etwas zu“ stärkt die Selbstachtung der Kinder. Lassen Eltern wie auch Lehrerinnen und Lehrer positive Erwartungen erkennen, legen sie den Grundstein dafür, dass sich die Kinder positiv verändern. Dies ist leicht nachzuvollziehen: Bei optimistischen Erwartungen empfinden Kinder weniger Angst, trauen sich mehr zu, fühlen sich akzeptiert– und das macht sie tüchtiger. Negative Erwartungen hingegen hemmen die Lernbereitschaft und mindern den Lernerfolg. Eltern wie auch Lehrkräfte sollten sich an die folgende Maxime halten: Handle stets so, als ob aus dem Kind mehr werden könnte, als es gerade scheint.

Wer helfen will, muss überzeugt sein, dass Hemmungen überwunden und Fehlverhalten abgebaut werden können, dass immer neues Lernen möglich ist, dass kaum ein Mensch die Grenzen seiner Entwicklungsmöglichkeiten erreicht – dass man zumindest nicht wissen kann, ob er sie erreicht. Und außerdem: Wenn es um weit reichende Entscheidungen geht wie die Festlegung der Schullaufbahn oder den Wechsel auf eine andere Schule, sollten Eltern und Lehrer nicht immer nur an später denken. Einen Satz wie „Später bist du mir einmal dankbar" sollten Sie vermeiden.

Die vorrangigen Fragen müssten lauten: Was ist heute für das Kind förderlich? Wie kann ich heute dazu beitragen, dass es Leistungsstolz und Selbstsicherheit gewinnt? Welche Möglichkeiten habe ich heute, ihm Momente des Glücks zu vermitteln?

Kinder neigen dazu, die von den Eltern akzeptierten (angeregten) Verhaltensweisen weiterhin zu zeigen. Sie passen sich den Lehrererwartungen an und machen sich die Ansicht ihrer Eltern und ihres Lehrers über ihre Leistungen zu Eigen. Sie sollten deshalb zum Beispiel einen Misserfolg nicht mit mangelnder Begabung erklären, sondern mit mangelnder Lernanstrengung. Denn die Lernanstrengung kann Ihr Kind selbst beeinflussen, indem es sich mehr anstrengt. Also verbessert sich die Lernmotivation und damit die Leistung.

Fassen wir zusammen: Das Verhalten von Kindern kann sich verändern, wenn eine Erziehungsperson unbewusste oder bewusste Erwartungen auf sie richtet. In der pädagogischen Wirklichkeit bedeutet das: Eltern und Lehrer machen sich ein Bild von ihrem Kind bzw. Schüler. Diese Vorurteile können bewirken, dass sich die Heranwachsenden gemäß des Bildes verhalten. So werden dann Schüler, die als intellektuell tüchtig einschätzt werden, zu Schülern mit guten Noten. Und umgekehrt: Negative Erwartungshaltungen bewirken, dass sich die Leistungen verschlechtern.

Eine schwierige Entscheidung

Die Begabungen und die tatsächlichen Leistungen eines Kindes bieten maßgebliche Anhaltspunkte bei der Wahl der weiterführenden Schule. Hinter allen Ausleseregelungen liegt die Idee, dass die Kinder auf eine Schule wechseln (und diese auch durchlaufen), die ihrer Leistungsfähigkeit entspricht. Die Wirklichkeit sieht anders aus: Schon die Entscheidung über den weiteren Bildungsgang hängt von vielerlei Zufällen ab, der Schulerfolg nach der Grundschule ebenso. Hinzu kommt, dass die Schulgesetze in einigen Bundesländern überarbeitet werden sollen (zum Beispiel in Bremen, Hamburg, Schleswig-Holstein, Niedersachsen). Diese Veränderungen zielen darauf, Schulversagen, Klassenwiederholungen und Schulartwechsel zu verringern.
In einer Veröffentlichung des Statistischen Landesamtes Baden-Württemberg vom Januar 2002 heißt es zum Beispiel: „In den Stadtkreisen Baden-Baden und Heidelberg setzten im Schuljahr 2001/02 mehr als die Hälfte [!] der ehemaligen Viertklässler ihre Schullaufbahn am Gymnasium fort und auch in Freiburg wurde dieses Ergebnis fast erreicht. Dagegen wechselte im Landkreis Waldshut nicht einmal ein Viertel [!] der Grundschüler auf ein Gymnasium über. Diese Diskrepanz kann nicht allein durch ein unterschiedliches Leistungsvermögen der Schüler erklärt werden." Auch im Landkreis Waldshut lag die Zahl der Gymnasialempfehlungen höher, aber nur 70 Prozent der Eltern nutzten diese Möglichkeit.

Der rechtliche Rahmen

Wer in Niedersachsen wohnt, brauchte bisher nicht nachzudenken: Nach der Grundschule war für alle die Orientierungsstufe (fünfte und sechste Klasse) vorgesehen. Erst zwei Jahre später mussten sich die Familien einen Weg durch das mehrgliedrige Schulsystem bahnen. Sollte es die Hauptschule, die Realschule, das Gymnasium oder eine Gesamtschule sein? Künftig fällt diese verzögerte Entscheidung weg: Niedersachsen führt den Übergang auf die weiterführenden Schulen ab Klasse fünf ein.
Eine Schülerin oder ein Schüler in Berlin kommt dagegen um eine ganz frühe Trennung von den Klassenkameraden herum. Dort absolvieren (fast) alle Kinder eine sechsjährige Grundschulstufe.
In Sachsen sieht's wieder anders aus. Hier geht es nach Klasse 4 nur um zwei Fragen: Fortsetzung in der Mittelschule oder im Gymnasium? Auch der nächste Schritt fällt höchst unterschiedlich aus. Während die Eltern in Niedersachsen letztendlich „in eigener Verantwortung" selbst entscheiden, welchen Weg ihr Kind nehmen soll, haben sie in Brandenburg die Einteilung und Zuordnung durch die Schulen – genauer: durch den Schulleiter – schlicht hinzunehmen.

Es gibt vielfältige Übergangsregelungen in den einzelnen Bundesländern.

Die Verhältnisse, Möglichkeiten und Bestimmungen – hier an einigen Beispielen skizziert – sind nicht leicht zu überschauen. Wer sich um die Schullaufbahn seiner Tochter oder seines Sohnes kümmern muss (und will), hat also einiges zu tun.
Die folgende Übersicht soll Ihnen, liebe Eltern, Wahlmöglichkeiten vor Augen führen und helfen, eine tragfähige Entscheidung zu treffen. Die Übersicht zeigt Ihnen außerdem, *wer* die Entscheidung für eine Schulart treffen kann.
Traditionellerweise regelt in Deutschland das Prinzip der von der staatlichen Schulverwaltung gesteuerten Eignungsfeststellung den Übergang von der zumeist vierjährigen Grundschule in eine weiterführende Schule. Dieser als Übergangsauslese bezeichnete Vorgang befindet über die Eignung eines Schülers für eine gewünschte weiterführende Schulart und eine damit verbundene Schullaufbahn. Zwar wird den Eltern bei der Auswahl einer weiter-

Auch gute Schüler brauchen eine Förderung nach Maß.

führenden Schule für ihr Kind grundsätzlich ein positives Entscheidungsrecht zugestanden, aber dieses Elternrecht wird gleichzeitig über das Recht der aufnehmenden Schule wieder eingeschränkt, die ihrerseits über eine entsprechende Eignungsfeststellung die Aufnahme und den Verbleib in einer bestimmten Schulart verwehren darf. In Hessen war mit der Novellierung des Schulverwaltungsgesetzes (1990) und der Verabschiedung des Gesetzes zur Einführung der freien Wahl der Bildungswege (1991) der Elternwille gänzlich freigegeben worden. Nach dem letzten Regierungswechsel in Hessen wurde jedoch das Recht der staatlich sanktionierten Eignungsfeststellung durch die aufnehmende Schule erneut gestärkt, ohne dabei allerdings das elterliche Erstentscheidungsrecht grundsätzlich in Frage zu stellen. Die Eltern können immer noch „frei" über die Schullaufbahn ihres Kindes bestimmen, am Ende des 5. Schuljahres befindet jedoch nach neuer Erlasslage die aufnehmende Schule über die Eignung des jeweiligen Schülers und damit über den Verbleib in der gewählten Schulart. Bei einer festgestellten Nicht-Eignung erfolgt die so genannte Querversetzung in eine andere Schulart. Der von der amtierenden Regierung gewünschte Nebeneffekt dieser Regelung ist die „abschreckende" Wirkung für leistungsschwache Schüler, die aufgrund der drohenden Querversetzung am Ende der fünften Klasse nun nicht mehr so „leichtfertig" von ihren ehrgeizigen Eltern in eine für sie „ungeeignete" Schulart eingeschult werden sollen. Damit wird das Eignungsprinzip gestärkt, während der zuvor

Noten sind zwar wichtig, aber sie können den zukünftigen Schulerfolg nicht zuverlässig vorhersagen.

betonte Fördergedanke in den Hintergrund tritt.
Die meisten Bundesländer haben inzwischen die Konsequenz aus diesem Dilemma gezogen und den Eltern die Wahl der weiterführenden Schulen freigestellt. Damit werden in der Regel die Klassen 5 und 6 zur Erprobungsstufe, an deren Ende dann über die weitere Schullaufbahn entschieden wird. Um eine angemessene Entscheidung zu treffen, sollten Sie neben dem Zeugnis weitere Informationen berücksichtigen. Dieses Kapitel gibt Ihnen Anregungen, wie Sie sich ein „rundes" Bild machen können.

> **Tipp**
>
> Darüber, wie Noten entstehen und wie sie zu bewerten sind, gibt ein Band der Reihe Cornelsen Eltern-Sprechstunde ausführlich Auskunft:
> Monika Rebitzki: Noten: kein Grund zur Panik. Leistungsbeurteilungen sinnvoll nutzen.

Entscheidungshilfe: „Zeugnis"

In einigen Bundesländern endet die Grundschule nach Klasse 4, andere unterrichten bis Ende der Klasse 6, vieles ist derzeit im Umbruch begriffen. Wie es in Ihrem Bundesland auch immer sein mag, im letzten Halbjahr der Grundschule bzw. der Orientierungs- oder Förderstufe bekommt das Kind ein Zeugnis, das eine Empfehlung oder zumindest eine Entscheidungshilfe bietet (je nach Bundesland). In einzelnen Bundesländern gibt es eine Notenregelung für den Übergang in weiterführende Schulen. Allerdings enthalten die Zensuren auf dem Zeugnis zahlreiche Unsicherheitsfaktoren. Das Zeugnis vermittelt den Anschein der absoluten Sachlichkeit: Eine Drei ist eben eine Drei! Das stimmt aber so nicht. Jede Lehrerin, jeder Lehrer an der Grundschule sieht das einzelne Kind immer im Klassenverband, und es lässt sich nicht leugnen, dass es Klassen mit sehr unterschiedlichen Leistungsniveaus gibt.

> **Richten Sie Ihr besonderes Augenmerk auf die Note in Sachkunde.**

Die Drei ist also nur eine Drei bezogen auf eine bestimmte Lerngruppe – und auf das Notensystem des Lehrers! Dazu ein Beispiel

aus der Praxis: Im Rahmen schulpsychologischer Laufbahnberatung fallen immer wieder Kinder mit schlechter Rechtschreibung auf, die aber eine ordentliche Note auf dem Zeugnis haben. Eine Nachfrage ergibt dann meist, dass in der Klasse noch nie ein ungeübtes Diktat geschrieben worden ist, die Note also das Ergebnis intensiven Übens ist und nur wenig über den wirklichen Leistungsstand in der Rechtschreibung aussagt.
Wichtig ist deshalb immer, auf welchem Wege eine bestimmte Note zustande gekommen ist. Es gibt Kinder, die zu einer Zwei im Rechtschreiben gekommen sind, ohne jemals ernsthaft für ein Diktat geübt zu haben; es gibt aber auch Kinder, die die gleiche Zwei nach optimaler Vorbereitung und intensivem Üben mit den Eltern geschafft haben. Auch hier sagt die Zeugnisnote allein wenig aus über die wirkliche Leistungsfähigkeit des Kindes, wenn es darum gehen wird, sich mit neuen Unterrichtsinhalten auseinander zu setzen. Einerseits ist der Fleiß, aus dem heraus die gute Note entstanden ist, eine auch in Zukunft wichtige Eigenschaft des Kindes, andererseits reicht Leistungsbereitschaft allein nicht aus, den Anforderungen aller Schularten nachzukommen.

Woraus setzt sich eine Zeugnisnote zusammen?

- schriftliche Leistungen
- praktische Leistungen
- (mündliche) Mitarbeit im Unterricht
- Hausaufgaben (nicht in allen Bundesländern! In manchen dürfen Hausaufgaben nicht in die Noten einfließen.)

Was versteckt sich noch in der Note?

- nicht erbrachte Leistungen
- Lerntempo
- Ordnung
- Fleiß
- Verhalten

Unterschätzt wird oft die Note im Sachunterricht, die auf dem Zeugnis etwas unscheinbar wirkt. Berücksichtigen Sie dabei bitte

Folgendes: Während die Grundschule unter dem Fach Sprache noch drei Noten vergibt (Sprachgebrauch, Lesen, Rechtschreiben), wird auf der weiterführenden Schule daraus in erster Linie die eine Note im Fach Deutsch. Aus der einen Note im Sachunterricht der Grundschule werden aber schon im fünften Schuljahr die Noten etwa in Erdkunde und Biologie, später kommen noch Geschichte, Physik, Chemie und je nach Schulart Weiteres hinzu. Hieraus wird deutlich: Sachunterricht ist in Bezug auf die Wahl der weiterführenden Schule ein besonders wichtiges Fach, in dem die Note einen Hinweis auf Begabung, Fleiß, Interessenvielfalt und Selbstständigkeit eines Kindes gibt.
Insgesamt ist das Zeugnis Mitte der vierten Klasse sicher ein entscheidendes Kriterium für die Schulwahl, aber es verlangt eine sorgfältige Betrachtung, Abwägung und Auslegung.

Entscheidungshilfe: „Empfehlung"

Was Eltern mit älteren Kindern noch als „Grundschulgutachten" geläufig ist, heißt heute zum Beispiel in Nordrhein-Westfalen „begründete Empfehlung für die Schulart, die für die weitere schulische Förderung am besten geeignet erscheint". Die Empfehlung wird von der Klassenlehrerin oder dem Klassenlehrer geschrieben, aber von der Klassenkonferenz entschieden; damit sind die Meinungen von weiteren Fachlehrern berücksichtigt.
Im Text der Verordnung heißt es, die Empfehlung entscheide „auf der Grundlage des Leistungsstandes, der Lernentwicklung und der Fähigkeiten der Schülerin oder des Schülers sowie unter Einbezie-

Ergebnisse der PISA-E-Studie zeigen, dass Lehrer bei der Bewertung von Schülerleistungen große Unterschiede machen und die Maßstäbe teilweise sogar von Klasse zu Klasse sehr unterschiedlich sind.

hung des Beratungsgesprächs mit den Erziehungsberechtigten“ (im ersten Schulhalbjahr). Die Empfehlung als Ergänzung zum Zeugnis ist demnach für Ihre Wahl der Schule ein sehr wichtiger Anhaltspunkt. Die folgenden Einzelheiten machen dies deutlich.
Die Klassenlehrerin oder der Klassenlehrer beobachten Ihr Kind über eine lange Zeit. Das Zeugnis dagegen ist eine Momentaufnahme. Es kommt vor, dass ein Kind nach vorher guten Leistungen ausgerechnet im Halbjahreszeugnis des vierten Schuljahrs schlechtere Noten hat, zum Beispiel bedingt durch längere Krankheit oder eine zeitweilig schwierige familiäre Situation, etwa eine Scheidung oder den Tod von Großeltern, vielleicht auch nur durch einen Umzug. Manchmal gibt es auch so genannte Spätstarter, die in der Schule einen längeren Anlauf gebraucht haben. Beide Fälle verlangen mehr Aufmerksamkeit bei der Einschätzung der Entwicklungs-Chancen. Die Klassenlehrerin oder der Klassenlehrer können einschätzen, ob ein Kind seine Leistungen vorwiegend aus intensiver häuslicher Förderung heraus erbringt oder vielmehr „aus dem Ärmel schüttelt“. Diese Unterscheidung ist oft wichtiger als die Note selbst.

Im Laufe des vierten Schuljahres ist ein Beratungsgespräch vorgesehen.

Im Beratungsgespräch erfährt die Klassenlehrerin oder der Klassenlehrer, welchen Wunsch Sie bezüglich der weiterführenden Schule für Ihr Kind haben. Sollten Ihre Vorstellung und die Einschätzung der Schule deutlich voneinander abweichen, wird man Ihr Kind in der Zwischenzeit intensiver und gezielter beobachten und Ihre Vorstellungen dabei im Auge behalten. Die Schule hat ein Interesse daran, sich mit Ihnen als Eltern auf eine einvernehmliche Empfehlung zu verständigen.
Sie sehen, dass sich die Grundschule die Empfehlung nicht leicht machen kann. Sie gründet auf langfristiger Beobachtung und sorgfältiger Abwägung, und die „begründete Empfehlung“ in Schriftform ist für die Schule eine aufwändige und arbeitsintensive Sache. Seien Sie sicher, dass die Klassenlehrerin, der Klassenlehrer kein Interesse daran hat, Ihnen für Ihr Kind eine falsche Laufbahn nahe zu legen. Nicht zuletzt gibt es Rückmeldungen der weiterführenden Schule, in Nordrhein-Westfalen etwa ist ein Austausch zwi-

schen neuem und altem Klassenlehrer vorgesehen. Ob die Empfehlung treffsicher war oder nicht, zeigt sich in den drei folgenden Jahren. Sie haben das Wohl Ihres Kindes im Auge – und die Schule hat gute Gründe, dies ebenfalls zu tun.

Eine Empfehlung soll ein vielschichtiges Bild von der Leistungsfähigkeit eines Schülers zeichnen.

Sollten Sie Teile des Gutachtens nicht verstehen oder ein ganz anderes Verständnis vom Leistungsvermögen Ihres Kindes haben, suchen Sie bitte zuerst den Dialog mit der Grundschule. Manches Missverständnis klärt sich im Gespräch, manche Sichtweise wird zumindest nachvollziehbar.

Viele Schulen informieren die Erziehungsberechtigten schriftlich über ihre Kriterien der Schullaufbahnempfehlung. In Niedersachsen zum Beispiel ermitteln die Klassenkonferenzen der sechsten Klassen (in Orientierungs- und Förderstufen) im Zuge der Zeugniskonferenzen im Januar den Trend der zukünftigen Schullaufbahn der Kinder. Diese Kriterien wurden in den „Orientierungshilfen für die Schullaufbahnempfehlung“ zusammengestellt. Erkundigen Sie sich im Sekretariat Ihrer Schule nach diesen Orientierungshilfen. Sie sollen aufzeigen, unter welchen Voraussetzungen einer Schülerin oder einem Schüler die angegebene Schulart empfohlen werden kann. Dabei darf nicht schematisch verfahren werden, wie folgende Zeilen belegen:

Erlass des Niedersächsischen Kultusministers vom 25.3.1997:

Die Schullaufbahnempfehlung darf nicht auf der Errechnung von Durchschnittswerten beruhen. Neben den Lernergebnissen sind die Schülerpersönlichkeit sowie den Lernerfolg beeinflussende äußere Faktoren zu beachten.

Es gibt sicherlich Ausnahmen, aber in der Regel erweist sich mittelfristig die Richtigkeit des Gutachtens, nicht nur nach schulpsychologischer Erfahrung, sondern auch nach wissenschaftlichen Studien zu diesem Thema.

Nachfolgend sind beispielhaft einige Orientierungspunkte zusammengefasst. Da in Niedersachsen bis einschließlich Klasse 6 gemeinsam unterrichtet wird, umfassen die Orientierungshilfen einige Aspekte mehr bezüglich der in den Jahrgängen 5 und 6 unterrichteten zusätzlichen Fächer; diese Punkte bleiben hier außer Betracht.

Schullaufbahnempfehlung: Empfehlung zur Hauptschule

Ein erfolgreicher Besuch der Hauptschule ist in der Regel zu erwarten, wenn die Schülerin, der Schüler in einigen Fächern mindestens befriedigende, in den übrigen Fächern mindestens ausreichende Leistungen erbracht hat.
Die Beobachtungen zum Lernverhalten sollten zeigen: Der Schüler, die Schülerin hat

- zumindest in einigen Fächern Aufgaben ohne zusätzliche Hilfe gelöst,
- sich in einigen Fächern aktiv am Unterricht beteiligt oder ist dem Unterricht still, aber aufmerksam gefolgt,
- sich nicht wesentlich ablenken lassen.

Schullaufbahnempfehlung: Empfehlung zur Realschule

Die Leistungsergebnisse der Schülerin, des Schülers sollten in allen Fächern mindestens befriedigend sein. Die Rechtschreibleistungen sollten in der Regel mindestens befriedigend sein.
Die Beobachtungen zum Lernverhalten zeigen: Die Schülerin, der Schüler hat

- dem Unterrichtsmaterial, zumindest in einigen Fächern, selbstständig Informationen entnommen,
- Aufgaben ohne zusätzliche Hilfe gelöst,
- sich in mehreren Fächern aktiv am Unterricht beteiligt und ist dem Unterricht im Übrigen still, aber aufmerksam gefolgt,
- im Wesentlichen ausdauernd und sorgfältig gearbeitet.

Schullaufbahnempfehlung: Empfehlung zum Gymnasium

Die Leistungsergebnisse des Schülers, der Schülerin sind in mehr als der Hälfte der Fächer mindestens gut, in den übrigen Fächern

mindestens befriedigend. Die Rechtschreibleistungen sollten mindestens gut sein.
Die Beobachtungen zum Lernverhalten zeigen: Die Schülerin, der Schüler hat

- dem Unterricht selbstständig Informationen entnommen,
- Zusammenhänge erkannt und dargestellt,
- Lösungsmöglichkeiten gefunden,
- sich aktiv am Unterricht beteiligt,
- an Aufgaben ausdauernd gearbeitet.

Viele Schüler werden bei den Empfehlungen unterschätzt.

Sollten Sie Fragen zu den Orientierungshilfen haben, wenden Sie sich bitte an die Klassenlehrerin oder den Klassenlehrer Ihres Kindes. Sie können aber auch den Schulpsychologen um einen Rat bitten. Er wird Ihnen sicher gern weiterhelfen.

Entscheidungshilfen: Lernplan und Portfolio

In einigen Bundesländern werden zurzeit neue Formen der Beurteilung erprobt. Ziel ist, den Lernstand und die Lernentwicklung von Kindern so festzuhalten, dass sie selbst sich ein Urteil über ihre Stärken und Schwächen erlauben können. In einer Klasse unterrichtende Lehrerinnen und Lehrer wissen so stets, woran sie sind, und die Schülerinnen und Schüler können sich zunehmend selbstständiger weiterentwickeln.

Lernplan – vorgestellt am Beispiel Schleswig-Holstein

Gemeinsam mit den Fachlehrkräften, die in der Klasse unterrichten, erstellt die Klassenlehrerin, der Klassenlehrer ab Klassenstufe 3, zweites Halbjahr, für jedes einzelne Kind einen Lernplan. Dieser Plan ist kein rechtswirksames Dokument, sondern ein rein pädagogisches Hilfsmittel. Er hält den aktuellen Stand der Lernentwicklung eines Kindes fest und beschreibt davon ausgehend Ziele, Maßnahmen und Verabredungen, die der weiteren Entwicklung förderlich sind. Man hofft, Schulversagen, Klassenwiederholungen und Schulartwechsel auf diese Weise reduzieren zu können.

Bieten die Schulen Ihrer Wahl AGs an, die Ihr Kind interessieren?

Fortzuschreiben ist der Lernplan in einem halbjährlichen Turnus mindestens bis zur Klassenstufe 6 (Ende der Orientierungsstufe), bei Bedarf auch darüber hinaus, wenn zum Beispiel durch gezielte Unterstützung die Wiederholung einer Klassenstufe vermieden werden soll.
Der Lernplan ist grundsätzlich individuell. Er umfasst den persönlichen Förderbedarf, also die besonderen Maßnahmen, die ein Kind in seiner Lernentwicklung unterstützen. Je nach Ausgangslage kann der auf die Zukunft gerichtete Lernplan wenige Stichwörter enthalten oder mehrere, detailliert ausgeführte Aspekte umfassen. Liegt der Plan vor, verabredet der Klassenlehrer oder die Klassenlehrerin mit den Eltern und dem Kind selbst geeignete Formen der Umsetzung.

Nicht in jedem Bundesland gibt es solche Lernpläne. Eines ist jedoch bereits aus den ersten Erfahrungen zu lernen: Die verbale Beurteilung eines Kindes beziehungsweise seines Lernstandes erfordert von den Lehrern und Lehrerinnen sowie von den Eltern einen genaueren Blick auf die Situation, als es eine Zensur bewirken würde. Wo Lernpläne noch nicht zum Alltag gehören, sind Eltern gut beraten, eine solche ausführliche Einschätzung im persönlichen Gespräch mit dem Lehrer oder der Lehrerin zu suchen. Was Sie erfahren, wird Ihnen helfen, die richtige weiterführende Schule zu beobachten und zu wählen und die Lernfortschritte Ihres Kindes in den wichtigen ersten Monaten mit Sachverstand zu begleiten.

Das Portfolio (die Leistungsmappe)

Der Begriff „Portfolio“ ist Ihnen vielleicht bereits vertraut, mindestens dann, wenn Sie Aktien halten. Im eigentlichen Wortsinn meint Portfolio ein umfassendes, aufeinander abgestimmtes Angebot. In der Schweiz wird bisher am ausführlichsten mit diesem Konzept experimentiert. In der deutschen Schule ist es bisher noch Zukunftsmusik.

Im pädagogischen Zusammenhang meint Portfolio, dass die Lernentwicklung und der Lernfortschritt eines jeden Kindes sorgfältig dokumentiert werden. Beim Sprachenlernen verläuft die Lernentwicklung von Kindern besonders unterschiedlich, weil viele außerschulische Aspekte mit hineinspielen. In diesem Bereich wurde das Portfoliokonzept entwickelt. In der Praxis sieht es folgendermaßen aus: Für jede Schülerin und jeden Schüler wird ein Heft angelegt, in dem die Anforderungen aufgelistet sind, die sie oder er bereits erfüllt. Über einen bestimmten Zeitraum hinweg werden in einer Mappe oder in einem Karton Zeugnisse ihres oder seines individuellen Lernens gesammelt: aus dem Unterricht hervorgegangene, persönlich gestaltete Beiträge, zu Hause in eigener Regie erstellte Materialien, Dokumente der in der Freizeit erworbenen Fähigkeiten und Fertigkeiten, mithilfe der Medien realisierte Arbeiten.

Wo Portfolios im Gespräch sind, werden sie vorrangig für das Sprachlernen eingesetzt.

Im Vordergrund steht die Eigentätigkeit des Schülers, verknüpft mit dessen Eigenverantwortung in Bezug auf Auswahl der inhaltlichen Aspekte, methodische Vorgehensweisen und Bewertung der Ergebnisse. Es geht also nicht mehr darum, dass ein Lehrer, eine Lehrerin die Leistungen einer Schülerin, eines Schülers beurteilt. Der Lernende soll vielmehr dokumentieren können, womit er sich – erfolgreich – beschäftigt hat, welche Lernfortschritte damit verbunden waren, wie er selbst und eventuell auch zusätzlich ein Mitschüler oder sein Lehrer die Qualität der Arbeiten einstuft.

Für die Beurteilung gibt es festgelegte Kompetenzstufen. Diese Hefte begleiten die Schüler dann bis zum Abschluss der Schullaufbahn und sie können sie zwischendurch einsehen. Dem Portfolio ist zu entnehmen, was ein Schüler oder eine Schülerin beherrscht.

Es sollte möglich sein zu entscheiden, ob diese Basis genügt, um den Anforderungen der gewünschten weiterführenden Schule gewachsen zu sein.

Entscheidungshilfen: Prüfarbeiten und Probeunterricht

Prüfarbeiten und Probeunterricht sind eine wichtige Entscheidungshilfe! Meist organisieren die Schulen (die Grundschule und eine weiterführende Schule) gegenseitige Besuchstage. Die meisten Schulen bieten darüber hinaus interessierten Schülerinnen und Schülern an, am Unterricht einer Klasse 5 oder 7, je nach Bundesland, teilzunehmen. Keine Grundschule wird sich dem Wunsch widersetzen, ein Kind für eine derartige Unternehmung freizustellen. Erkundigen Sie sich also ruhig danach, weitere Hinweise zu diesem Thema finden Sie auf Seite 68–69.

Zum Beispiel Bayern

In Bayern dauert der Probeunterricht drei Tage; er findet bald nach dem Termin für die Anmeldung (Ende Mai – Anfang Juni) an der Realschule bzw. am Gymnasium statt. Eher wäre es angebracht, hier von einer „Aufnahmeprüfung" zu sprechen. Diese ist notwendig, wenn ein Gymnasium oder eine Realschule besucht werden soll.

In Bayern gibt es Probeunterricht.

Die Schülerinnen und Schüler werden in Unterrichtsgruppen von etwa zehn bis zwanzig Kindern eingeteilt und von jeweils drei Lehrern betreut. Ein Grundschullehrer sowie ein Deutsch- und ein Mathematiklehrer der aufnehmenden Schule kümmern sich um ihre Gruppe. Von den Schülern werden an den ersten beiden Tagen schriftliche Arbeiten aus den Fächern Deutsch und Mathematik verlangt. Der Prüfungsstoff umfasst dabei alles, was nach dem Lehrplan im zurückliegenden Schuljahr behandelt wurde. Die Aufgabenstellung orientiert sich an den Anforderungen der aufnehmenden Schule, sodass der Schwierigkeitsgrad höher ist als in der Grundschule. Am dritten Tag findet – ebenfalls in den Fächern

> ## Tipp
>
> In Bayern gilt: Gegen das Nichtbestehen des Probeunterrichts können die Eltern bei der Schulleitung schriftlich oder mündlich Widerspruch einlegen. Vor allem ist eine überzeugende Begründung aufzuführen (vgl. Seite 40–41).

Deutsch und Mathematik – mündlicher Unterricht statt. Während der Unterrichtsphasen der drei Prüfungstage macht immer einer der betreuenden Lehrer Aufzeichnungen über die Mitarbeit. Alle schriftlichen Prüfungsaufgaben werden zentral erstellt und den Schulen vorgegeben. Dort ist für die Durchführung, Korrektur und Bewertung jeweils ein Aufnahmeausschuss verantwortlich, der sich aus Grundschullehrern (bzw. Hauptschullehrern) und Lehrern der aufnehmenden Schule zusammensetzt. Das Ergebnis erhalten die Eltern mit ausführlicher Begründung zugesandt. Die durch den Probeunterricht erworbene Eignung berechtigt nur zum Übertritt im unmittelbar darauf folgenden Schuljahr.

Falls jemand sein Glück im Probeunterricht fürs Gymnasium versucht, diese Prüfung aber nicht besteht, muss er deswegen nicht automatisch an die Hauptschule wechseln. Unter bestimmten Umständen kann der Schüler oder die Schülerin – ohne Wartezeit – in die Realschule übertreten (sofern Plätze frei sind). Er oder sie muss die Realschulprüfung dann nicht gesondert ablegen. Problemlos ist der Übergang, wenn das Übertrittszeugnis den Notendurchschnitt 2,66 aufweist und im Probeunterricht am Gymnasium wenigstens in einem Fach die Note 4 erreicht wurde.

Ab dem Notendurchschnitt 3,0 im Übertrittszeugnis – oder wenn der Probeunterricht am Gymnasium in jedem Fach mit der Note fünf oder schlechter abgeschlossen wurde – muss gegen Ende der Sommerferien der Probeunterricht an der Realschule nachgeholt werden.

Bedenken Sie: Probeunterricht spiegelt nur teilweise den tatsächlichen Leistungsstand eines Kindes wider, denn es wird hier in eine konstruierte Situation gebracht, die nicht wirklich mit dem Unterricht in einer späteren Klasse vergleichbar ist. Vieles spricht außerdem dafür, dass selbst etliche der für das Gymnasium empfohlenen Kinder oder Kinder mit einem Notendurchschnitt von 2,5 und besser die Prüfarbeiten angesichts der erhöhten Stressbelastung nicht schaffen würden.

Entscheidungshilfe: Beratungsgespräch

In allen Bundesländern können sich Eltern mit den Lehrern beraten, um eine gute Entscheidung für ihr Kind zu treffen. In den meisten Bundesländern ist ein Gespräch im vierten Schuljahr fest vorgesehen. In einigen Bundesländern gibt es aber auch nur bei Problemfällen vorgeschriebene Beratungsgespräche. In Bayern zum Beispiel ist das Beratungsgespräch mit dem Übertrittsziel Gymnasium dann vorgeschrieben, wenn ein Schüler als „bedingt geeignet" eingestuft wird. Die Unterredung findet vor der Ausgabe des Eignungszeugnisses an der Grundschule (Halbjahreszeugnis im vierten Schuljahr) statt. Für das Gespräch ist keine sofortige Entscheidung verlangt, die Eltern können unabhängig von seinem Ausgang ihre Wahl treffen. Auch nach einem Probeunterricht oder nach Prüfarbeiten sind Beratungsgespräche möglich, um die Ergebnisse zu besprechen. In diesem Fall haben Sie dann die Chance, auch mit Lehrern der weiterführenden Schule zu sprechen. In allen anderen Fällen kann dies natürlich nicht geschehen, da die „neuen" Lehrer Ihr Kind noch nicht kennen.

Wägen Sie in einem Beratungsgespräch gemeinsam das Für und Wider ab.

Förmlich geht es in Bayern zum Beispiel beim Beratungsgespräch für den Realschul-Übertritt zu, obwohl die Eltern auch hier frei entscheiden können.
Wenn Ihr Kind den Probeunterricht in einem der Fächer mit Note Vier geschafft hat, werden Sie zu einem Gesprächstermin an der Realschule eingeladen, bei dem Ihnen ein Grundschul- und ein Realschullehrer gegenübersitzen. Nutzen Sie die Gelegenheit, um die Prüfungsaufgaben einzusehen und nach den Bewertungskriterien zu fragen. Beobachtungen über das Verhalten Ihres Kindes im Probeunterricht können eine wichtige Entscheidungshilfe sein. Die folgenden Fragen sind möglichst zu klären:

- Wo steht mein Kind leistungsmäßig im Vergleich zur ganzen Prüfungsgruppe?
- Wie weit war mein Kind psychisch den erhöhten Leistungsanforderungen der Prüfung gewachsen?

Tipp

In einigen Bundesländern ist allerdings der Wechsel zur Realschule nur dann möglich, wenn dort Plätze zur Verfügung stehen. Informieren Sie sich unbedingt über die für Sie gültigen Regelungen.

Beim Abwägen dieser Möglichkeiten sollten Sie das Wohl Ihres Kindes vor allen anderen Aspekten vor Augen haben. Die häufigsten Beratungsanlässe ergeben sich bei Schülern, deren Leistungen deutlich schlechter sind als die Intelligenztests erwarten ließen. Ursachen dafür können persönliche oder familiäre Schwierigkeiten sein, aber auch Probleme im Schulalltag. Im Beratungsgespräch werden diese Umstände wie auch die Situation Ihres Kindes umfassend erörtert. Anschließend müssen gezielte Fördermaßnahmen beschlossen werden, zum Beispiel die Teilnahme an Stütz- und Förderkursen oder speziell aufgestellten Programmen zur Bega-

Informieren Sie sich über die Situation in Ihrem Bundesland.

◀ Auch von der Stimmung im Kollegium hängt die Atmosphäre in einer Schule mit ab.

bungsförderung. Auch bei hohen geistigen Fähigkeiten kann Ihr Kind unter mangelnder Konzentration, fehlendem Ansporn oder Merkschwäche leiden. Auch für diese Fälle gibt es Förderprogramme. Abhilfe kann dadurch geschaffen werden, dass die ganz eigenen Lernmöglichkeiten ermittelt und bestimmte Erziehungsvorschläge unterbreitet werden. Gegebenenfalls sind andere Beratungs- oder Betreuungsmöglichkeiten zu nutzen, zum Beispiel eine Erziehungsberatungsstelle, der schulpsychologische Dienst oder ein Kinder- und Jugendlichenpsychiater.

Spezialfall Baden-Württemberg: „Besonderes Beratungsverfahren"

In Baden-Württemberg gibt es das so genannte „Besondere Beratungsverfahren".

Dies stellt eine zusätzliche Form der Entscheidungshilfe dar, an welche Schule ein Kind nach der Grundschule wechseln sollte.

Etwa zu Beginn des zweiten Schulhalbjahres tritt die Klassenkonferenz der vierten Grundschulklasse unter dem Vorsitz des Schulleiters zusammen, um für jedes Kind eine „Gemeinsame Bildungsempfehlung" auszusprechen. Dieses pädagogische Gutachten legt den Schülerinnen und Schülern sowie deren Eltern nahe, welche der weiterführenden Schulen (Hauptschule, Realschule, Gymnasium, Gesamtschule) künftig besucht werden sollte.

In Baden-Württemberg zu beachten: das „Besondere Beratungsverfahren".

Sind die Eltern mit dem Vorschlag der Grundschule nicht einverstanden, stehen ihnen zwei Möglichkeiten offen. Sie können:

- ihr Kind zur Aufnahmeprüfung für die gewünschte Schulart (Realschule, Gymnasium) anmelden; in dieser Prüfung muss für die Realschule ein Notendurchschnitt von 3,0 und für das Gymnasium von 2,5 erreicht werden.
- ein „Besonderes Beratungsverfahren" veranlassen, das die Eignung des Schülers prüft.

Entscheiden sich die Eltern für die zweite Möglichkeit, müssen sie vor der Rückgabe der „Gemeinsamen Bildungsempfehlung" an die Grundschule den entsprechenden Passus auf dem Blatt ankreuzen. Sie sollten dies in Anspruch nehmen, wenn ihr Kind eine Empfehlung für die Realschule oder für das Gymnasium hat, sie selbst aber nicht sicher sind, ob dies wirklich das Richtige für das Kind ist. Dann hilft eine Beratung durch die Schule weiter, zum Beispiel – so vorhanden – durch den Beratungslehrer. Dasselbe gilt, wenn es um die Wahl des Schulzweigs geht (neusprachlicher oder naturwissenschaftlicher Zweig des Gymnasiums?). Weicht das Gutachten der Grundschule („Empfehlung: Hauptschule") deutlich vom eigenen Wunsch ab („Fortsetzung auf der Realschule") oder möchten die Eltern der Tochter, dem Sohn gern die Mühen der Aufnahmeprüfung ersparen, können sie das „Beratungsverfahren" beantragen. Aufschlüsse bietet es vor allem in den folgenden Bereichen: Ausdauer, Denkstrategien, Arbeitshaltung, Sprachbegabung, logisches Denken. Die Testergebnisse beziehen sich also nicht auf rein schulisches Wissen.

Entscheidungshilfe: Schulpsychologische Laufbahnberatung

Im Winter eines jeden Jahres erhalten die schulpsychologischen Dienste zahlreiche Anmeldungen von Eltern, die um eine psychologische Untersuchung ihres Kindes und eine Laufbahnberatung bitten. Es gibt verschiedene Gründe für die Anmeldung: Sie könnten zum Beispiel der Meinung sein, dass die Grundschule Ihr Kind falsch und ungerecht einschätzt. Sie könnten Ihr Kind aber auch anmelden, weil die Grundschule Ihnen dazu geraten hat. Dann ist es sinnvoll, dass Sie sich mit der Klassenlehrerin oder dem Klassenlehrer genau darüber austauschen, wo die Unsicherheit in der Empfehlung der Schule liegt.

Manchmal hilft der Blick von „außen".

In der Regel beginnt eine Schullaufbahnberatung durch den Schulpsychologen mit einem Vorgespräch, um etwas über den bisherigen Werdegang des Kindes zu erfahren und um über Ihre Beweggründe der Anmeldung, die familiäre und berufliche Situation, Geschwister, Besonderheiten im Verhalten des Kindes informiert

Tipp

Ist die Diskussion zwischen den Erziehungsberechtigten festgefahren, kann auch hier ein Gespräch mit der Lehrkraft weiterhelfen. Nehmen Sie die Position des Lehrers als Vermittler in Anspruch. Dadurch erreichen Sie, dass Sie als Eltern Ihre Argumente in einer neutralen Situation austauschen können. Und bedenken Sie auch hier: Schuldzuweisungen erzeugen nur Abwehr, keine Lösungen.

zu sein. Danach folgt ein Untersuchungstermin, bei dem einige Tests durchgeführt werden. Sie geben Anhaltspunkte zu den Aspekten Intelligenz, Konzentrationsfähigkeit, Rechtschreibung, Prüfungsangst und Arbeitsmotivation. Je nach Einzelfall kommen noch Überprüfungen zum Wortschatz, zur Allgemeinbildung oder zum mathematischen Verständnis hinzu. Zusätzlich wird sich natürlich der Schulpsychologe mit Ihrem Kind unterhalten. Ein psychologischer Test soll helfen, für einen Schüler mit seinen speziellen Interessen, Begabungs- und Lernleistungsvoraussetzungen die geeignetste Schulform zu finden. Schulpsychologen und -psychologinnen greifen dazu auf eine Reihe bewährter und standardisierter Tests zurück. Durch Vergleiche des Merkmalprofils mit den Anforderungen der in Frage kommenden Schulart kann man herausfinden, welche Schulform wahrscheinlich passt. Das Testergebnis wird dazu in Prozentränge umgerechnet. Der Prozentrang gibt an, wie viel Prozent aller von diesem Test erfassten Schüler von dem betreffenden Schüler mit seinem Prozentrang übertroffen werden. So zeigt zum Beispiel ein erzielter Prozentrang von 70, dass dieser Schüler 70 Prozent der Gleichaltrigen, die mit diesem Test geprüft wurden, übertrifft. Bei einem Prozentrang von 20 übertrifft dieser Schüler nur 20 Prozent der Gleichaltrigen. Das heißt umgekehrt, dass 80 Prozent besser sind als er. Im kombinierten Lern- und Intelligenztest (KLI 4-5) werden beispielsweise Schülerinnen und Schüler mit einem Prozentrang zwischen 98 und 100 Prozent als sicher für das Gymnasium geeignet eingeschätzt. Schüler und Schülerinnen mit Normwerten von Prozentrang 83 bis 98 sind wahrscheinlich und „Schüler“ mit Normwerten von Prozentrang 50 bis 83 sind bedingt geeignet.

Im Beratungsgespräch teilt der Schulpsychologe Ihnen anschließend mit, zu welchen Ergebnissen er gekommen ist, und berät Sie dann, welche Schlüsse Sie daraus ziehen sollten. Aber er wird Ihnen auch sagen, wo aus seiner Sicht ein Förderbedarf für Ihr Kind besteht, was Sie tun könnten oder müssten, um die Chancen Ihres Kindes zu verbessern.

Ein Nachteil ist, dass der Schulpsychologe im Gegensatz zur Grundschule die Entwicklung Ihres Kindes nicht langfristig verfolgen konnte. Ein Vorteil ist, dass er mit einer weitgehend objektiven Sicht an die Sache herangeht. Ihn belastet keine Vorgeschichte mit eventuellen Konflikten, Unstimmigkeiten oder Unterstellungen.

Allerdings: Der schulpsychologische Dienst kann durch sein Votum (das möglicherweise von der Empfehlung der Grundschule abweicht) die Aufnahme eines Kindes auf einer bestimmten Schule nicht durchsetzen. Denn über die Aufnahme entscheidet die Schulleitung, und diese ist an die Ergebnisse einer schulpsychologischen Laufbahnuntersuchung und -beratung nicht gebunden.

Wenn die Einschätzungen auseinander gehen

Wie geht man mit Widerständen um, die ihre Ursache in Ängsten haben?

Manchmal sind die Eltern nicht bereit, der Empfehlung der Schule zu folgen, und leisten Widerstand. Beratungsgespräche können dann zu einem zähen Ringen werden. In diesen Gesprächen ist es wichtig, einige psychologische Grundgedanken nicht außer Acht zu lassen. Widerstände zum Beispiel haben im Wesentlichen drei Ursachen:

Die schulpsychologische Sicht ist kein „Anstatt“, sondern nur ein „Hinzu“, denn der Schulpsychologe ist nicht der Schiedsrichter zwischen Schule und Eltern!

- sachliche Bedenken,
- Ängste und
- Erwartungen.

Oft werden sowohl Ängste als auch Erwartungen in die Form von Sachargumenten gekleidet oder besser: verkleidet. Es gibt jedoch ein untrügliches Zeichen, ob die Sachargumente echt oder nur vorgeschoben sind: Die echten reagieren auf Argumentation. Sie verändern sich, entwickeln sich weiter und behalten auch nach einiger Diskussionsdauer ihre Gültigkeit.

Anders bei vorgeschobenen Argumenten: Ihr unausgesprochenes Ziel ist nicht das Klären, sondern das Verhindern und Blockieren. Sie sollten sich also darüber klar werden, welcher Art Ihr Widerstand ist, und Ihre Argumente gegebenenfalls neu bewerten. Mit einem aufgeschlossenen Pädagogen sollten Sie offen über Ihre Bedenken reden können. Oft genügt schon das Offenlegen und gemeinsame Betrachten der Ängste, um sie deutlich zu reduzieren. Denn bei genauerem Hinsehen erweisen sich viele Probleme als relativ klein, gemessen an den Katastrophenfantasien, die wir mitunter entwickeln.

Einer wirklichen Sachargumentation geht es um inhaltliche Klärung.

Gegen schulische Verwaltungsakte können Eltern Widerspruch einlegen. Aussicht auf Erfolg hat eine solche Klage, wenn gegen Bestimmungen verstoßen worden ist, die in Rechts- und Verwaltungsvorschriften festgelegt sind.

Sowohl die Beschwerde als auch der Widerspruch sollten im Schreiben so benannt werden, ein klares Ziel ist zu nennen („Die Note in Erdkunde ist auf 5 festzulegen anstelle der erteilten Note 6") und vor allem eine überzeugende Begründung aufzuführen.

Als Widerspruch gelten alle Schreiben, aus denen erkennbar wird, dass sich der Schüler, die Schülerin oder, falls er oder sie noch nicht volljährig ist, seine Erziehungsberechtigten gegen einen Verwaltungsakt wenden und eine Änderung der ihn oder sie betreffenden Entscheidung verlangen. Das Schreiben muss nicht als Widerspruch bezeichnet sein. Ein Widerspruch kann auch mündlich vorgebracht werden.

Zunächst prüft die Schulleitung, ob sie dem Widerspruch durch

Aufhebung oder Abänderung ihrer Entscheidung abhelfen will (Stattgabe). Dazu ist sie in eigener Zuständigkeit berechtigt. Kann sie nicht im vollen Umfang abhelfen, so legt sie den Widerspruch der nächsthöheren Behörde vor. Gegen die von dieser Behörde getroffene Entscheidung kann gegebenenfalls Klage vor dem Verwaltungsgericht erhoben werden.

Widerspruch einlegen: das Verfahren

Verwaltungsakt der Schule

(Entscheidung über Aufnahme, Versetzung, Ordnungsmaßnahme, Abschlussvergabe ...)

▼

Widerspruch

▼

Abhilfeprüfung durch die Schule
(dasselbe Gremium wie bei der Erstentscheidung)

wenn Abhilfeentscheidung ...

positiv

Abhilfebescheid durch die Schule

(Ende des Verfahrens)

negativ

Vorlage bei der Schulaufsichtsbehörde

Vorzulegen sind die vollständigen Unterlagen. Erstbescheid, Widerspruch, Konferenzprotokolle, Stellungnahmen zur Widerspruchsbegründung, Stellungnahmen der Schule und ggf. der Fachlehrer

positiv

Dem Widerspruch **stattgebender Widerspruchsbescheid** durch die Schulaufsichtsbehörde

(Ende des Verfahrens)

negativ

Den Widerspruch **zurückweisender Widerspruchsbescheid** durch die Schulaufsichtsbehörde

▼

Möglichkeit der Klage beim zuständigen Verwaltungsgericht

Informationen über das Schulsystem

In den meisten Fällen ist die Entscheidung für eine bestimmte Schulart kein Problem; die Leistungen und das Arbeitsverhalten des Kindes, die Empfehlung der Grundschule, der Wunsch von Eltern und Kind – alles passt zusammen. Aber es gibt doch zahlreiche Fälle, in denen ein wirklicher Entscheidungsprozess mit Abwägen von Vor- und Nachteilen, Chancen und Risiken notwendig ist. Dann ist es wichtig zu wissen, was welche Schule leisten kann.
Es muss geklärt werden, welche Schulen überhaupt zur Verfügung stehen, welche in Frage kommen und in welchen Punkten sie sich voneinander unterscheiden. Hauptschule, Realschule und Gymnasium sind die Schularten, die überall gewählt werden können, vor Ort oder in erreichbarer Nähe. In vielen Bundesländern gibt es zudem Gesamtschulen. Im Folgenden erhalten Sie weitere Informationen über die Unterschiede zwischen diesen Schulen (Zielsetzung, Bildungsgänge, Abschlüsse, Fremdsprachenwahl).

Im Kampf gegen Vorurteile – die Hauptschule

Die Hauptschule ist ursprünglich – der Name lässt dies bereits erkennen – für den Großteil aller Schülerinnen und Schüler etabliert worden, früher hieß sie schlicht „Volksschule". Sie vermittelt ihren Schülerinnen und Schülern eine grundlegende allgemeine Bildung und bereitet sie auf die Berufswelt vor. Offene Unterrichtsmethoden und praxisbezogene Projektarbeit werden deshalb bevorzugt. Der Abschluss macht den Weg frei für eine handwerkliche, technische oder kaufmännische Ausbildung; er erfolgt je nach Bundesland am Ende der Klasse 9 oder 10.

Die Hauptschulen verzeichnen zurückgehende Anmeldezahlen, die starke Konkurrenz durch Gesamt- und Realschulen und die mitunter schlechtere finanzielle Ausstattung werden daran mitgewirkt haben.

Wer eine Hauptschule besucht, ist eher handwerklich begabt und hat in der Grundschule meist einen Notendurchschnitt, der unterhalb von „befriedigend" liegt.

An der Hauptschule können alle Abschlüsse der Sekundarstufe I erworben werden:

- der Hauptschulabschluss nach Klasse 9 (berechtigt zum Besuch der Klasse 10),
- der Sekundarabschluss I (Hauptschulabschluss nach Klasse 10) nach erfolgreichem Besuch einer zehnten Klasse mit den Schwerpunkten Naturwissenschaften und Arbeitslehre,
- der Erweiterte Sekundarabschluss I nach erfolgreichem Abschluss der Klasse 10 mit den Schwerpunkten Deutsch, Englisch, Mathematik (berechtigt zum Besuch der gymnasialen Oberstufe – Gymnasium, Gesamtschule –, wenn in allen Fächern mindestens befriedigende Leistungen vorliegen).

Angemessene Entscheidungen können nur informierte Eltern treffen.

So weit das Formale. Zur Abrundung eine Gegenüberstellung: vom vordergründigen Image zum realen Profil dieser Schule. Die Hauptschule hat seit jeher mit enorm verfestigten (negativen) Vorurteilen zu kämpfen. Die Vorzüge dieser Schulart werden oft nicht erkannt oder herabgestuft.

Genau hingeschaut: die Hauptschule

Als Erstes fällt das Klassenlehrer-Prinzip positiv auf: Die Klassenlehrer vertreten nicht nur zwei Fächer, sondern unterrichten die Hälfte der Wochenstunden (oder mehr) in ihrer Klasse. Sie werden für viele Kinder und Jugendliche zu einer festen Bezugsperson, die sie über Jahre begleitet und die auch ein offenes Ohr oder einen Rat für die Alltagsprobleme in der Pubertät hat. Die Fächerzusammenstellung in der Hauptschule wird vielen Kindern in besonderem Maße gerecht: Fächer wie Technik, Wirtschaftslehre oder Hauswirtschaft finden sich an jeder Hauptschule als Pflichtfächer und dafür sind die Schulen entsprechend ausgestattet. In den Klassen 5 und 6 gibt es Förderunterricht für Kinder mit Defiziten in den Grundfertigkeiten. Ab Klasse 7 findet in mehreren Fächern in Form von Grundkursen und Erweiterungskursen eine Einteilung nach Leistung statt, um möglichst viele Schülerinnen und Schüler nach ihren Begabungen zu fördern.

An der Hauptschule ist der Klassenlehrer eine feste Bezugsperson für die Schüler und Schülerinnen.

Als Drittes kommt eine frühe Berufsorientierung ins Spiel, Schule und Arbeitsleben werden frühzeitig miteinander verzahnt. Dazu gehören die oben genannten Fächer, aber auch Betriebspraktika und Berufsberatung. Das Vorurteil, die Hauptschule vermittle nur einen minimalen Bildungsabschluss, ist falsch. Etwa ein Drittel ihrer Schülerinnen und Schüler erreicht den Realschul-Abschluss.

Vielseitig und unterschätzt – die Realschule

Ein Spruch, den wohl viele schon einmal gehört haben, lautet: „Die Realschule ist ein Kompromiss zwischen Hauptschule und Gymnasium, nichts Halbes und nichts Ganzes." Das erweckt den Eindruck, man könne die Schularten in leicht, mittel und schwer unterteilen. Damit macht man es sich jedoch zu leicht. Der Realschule wird man mit der pauschalen Beurteilung mittelschwer nicht gerecht. Das Besondere an ihr ist, dass sie ihre Schülerinnen und Schüler befähigt, nach Beendigung des zehnten Schuljahres weitere Bildungswege zu durchlaufen und zum Beispiel eine Berufsausbildung anzufangen oder ihr Abitur an einem Gymnasium zu machen. Besucht wird die Realschule von eher praktisch begabten Schülerinnen und Schülern. Wie der Name bereits signalisiert: Die Ausbildung ist hier in besonderem Maße an den „Realien", an den praktischen Anforderungen einer Lehre oder einer Fachoberschule orientiert. Am Beispiel Mathematik: Abstrakt-theoretische

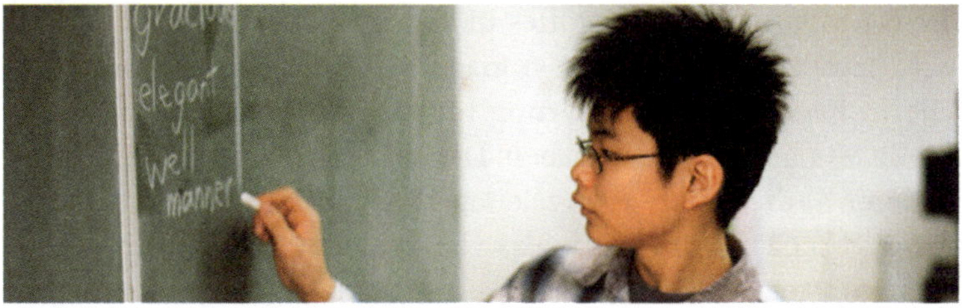

Ableitungen und Beweise sind in dieser Schule seltener zu erwarten als praktisch-anwendungsorientierte mathematische Verfahren und Übungen.
Ab der siebten Klasse kann eine zweite Fremdsprache, zum Beispiel Französisch, gewählt werden. Allerdings geschieht das zunächst einmal nur auf Probe. Wer mit der Sprache zurechtkommt, wählt sie als reguläres Fach. Wer in Schwierigkeiten gerät, kann – im Unterschied zum Gymnasium – ein anderes Fach wählen. Insbesondere naturwissenschaftlich begabte Schülerinnen und Schüler erhalten so die Möglichkeit, ihre Interessen zu vertiefen anstatt zwingend eine zweite Sprache lernen zu müssen.
Auch die Realschule bietet drei Abschlüsse der Sekundarstufe I an, vorrangig führt sie – bei erfolgreichem Abschluss der Klasse 10 – zum Sekundarabschluss I, bei gutem Zensurendurchschnitt zum Erweiterten Sekundarabschluss I.
Mit dem Erwerb des Erweiterten Sekundar-I-Abschlusses und dem breiten Bildungsangebot danach ist der Weg frei zu einem Studium oder zu einer anderen hochwertigen Ausbildung.

Die Realschule bereitet sowohl auf eine Berufsausbildung als auch auf das Abitur vor.

Dies alles kennzeichnet die Realschule als eigenständige Schulart mit vielen Möglichkeiten für die Schüler und Schülerinnen.

Genau hingeschaut: die Realschule

Die Führung und Anleitung durch die Lehrer ist in der Realschule stärker als an anderen Schulen. Es wird oft weniger in Gruppenarbeit gelernt, stattdessen stellt der Vortrag des Lehrers, der Lehrerin die Hauptmethode im Unterricht dar. Typisch für die Realschule ist

die Darbietung des Lernstoffes in kleinen Portionen. Der Schüler wird deutlicher als etwa im Gymnasium „an die Hand genommen". Hierin liegt auch die Erklärung für die mitunter beklagte relativ große Menge an Hausaufgaben: Die Lehrerinnen und Lehrer organisieren so die konkrete, angeleitete Beschäftigung mit dem Stoff – anders als das Gymnasium, das von den Schülerinnen und Schülern erwartet, den Lernstoff auf selbstständige Weise vertiefend zu bearbeiten.
Einzelne Untersuchungen haben herausgefunden, dass Realschulen das konservativste Schülerbild haben. Innovationen gehen in der Regel von der Hauptschule, der Gesamtschule oder dem Gymnasium aus. Realschulen halten eher am Hergebrachten fest. Diese Haltung wiederum hat Einfluss auf die Lernatmosphäre. Informieren Sie sich also vor Ort über die für Sie in Frage kommenden Realschulen und deren Führungsstil.

Lieblingsschule der Eltern – das Gymnasium

Ein Zeugnis, viele Möglichkeiten: das Abitur.

Das Gymnasium vermittelt seinen Schülerinnen und Schülern eine vertiefte allgemeine Bildung, die sie befähigt, nach dem Abschluss im Sekundarbereich II (11. bis 13. Jahrgang) eine Universität oder andere hoch qualifizierte Bildungsgänge zu besuchen. Diese hohen Ziele setzen entsprechende Anforderungen voraus: einen deutlich ausgeprägten Lernwillen, methodische Gewandtheit, abstraktes Denken, vielfältige Begabung, Kreativität, Bereitschaft und Fähigkeit zur Zusammenarbeit mit anderen. Für Eltern ist oft besonders attraktiv, dass an Gymnasien nur selten soziale Probleme auftreten, krasse Lernverweigerungen die Ausnahme bilden und Gewalt sowie Kleinkriminalität kaum vorkommen. Der frontale, also auf die Person des Lehrers zugeschnittene Unterricht überwiegt in dieser Schulform. Doch zunehmend gehören selbst gesteuertes Lernen (Freiarbeit) und Gruppenarbeit auch hier zum Alltag. Manche Schulen bieten inzwischen auch komplexe Programme an, die die Schülerinnen und Schüler anleiten, das Lernen zu lernen. Weitere

schülerorientierte Verfahren, zum Beispiel Projektunterricht und handlungsorientierte Methoden, kommen hinzu. Eine zweite Fremdsprache gehört ab Klasse sieben dazu, eine gewünschte dritte ab Klasse neun. Den Abschluss bildet das Abitur (die allgemeine Hochschulreife), das zum Studium berechtigt.
Zwei Schwachpunkte dieser Schulart: Die Zahl der Schülerinnen und Schüler, die von der Grundschule (oder von der Orientierungsstufe) nicht fürs Gymnasium empfohlen worden sind, hat in den letzten Jahren deutlich zugenommen. Und: Die pädagogischen Reformbemühungen haben in diesem Schultyp bisher weniger deutlich gegriffen als zum Beispiel in den Grundschulen und den Gesamtschulen.

Nicht versetzte Schülerinnen und Schüler, die die Möglichkeit des Wiederholens bereits ausgeschöpft haben, wechseln zur Realschule oder zur Hauptschule über.

Etwa ein Drittel der Kinder besucht nach der Grundschule bzw. nach der Orientierungsstufe, auch Förderstufe genannt, ein Gymnasium. Diese Schülerinnen und Schüler sollten einen Notendurchschnitt von mindestens 2,5 oder eine entsprechende Empfehlung der Grundschule bzw. Orientierungsstufe haben.
Im Gymnasium können ebenfalls die bisher genannten Abschlüsse erworben werden. Mit der Versetzung in die Jahrgangsstufe 11 erwerben die Schülerinnen und Schüler den Sekundarabschluss I, die Fachoberschulreife. Voraussetzung für diesen Abschluss sind mindestens ausreichende Leistungen in allen Fächern. Wer das Gymnasium mit diesem Abschluss verlässt, kann in einen beruflichen Bildungsgang der Sekundarstufe II (Berufskolleg) oder in eine Lehre eintreten.
Mit der Abiturprüfung wird die allgemeine Hochschulreife erworben, die nicht nur zu einem Studium an einer Hochschule berechtigt, sondern zugleich den Weg in eine berufliche Ausbildung außerhalb der Hochschule eröffnet.
Mit der Versetzung in die Jahrgangsstufe 12 wird in Verbindung mit dem Nachweis einer abgeschlossenen mindestens zweijährigen Berufsausbildung die Fachhochschulreife zuerkannt. Dies gilt auch beim Verlassen des Gymnasiums nach der zwölften Jahrgangsstufe, wenn eine abgeschlossene Berufsausbildung nachgewiesen oder ein einjähriges gelenktes Praktikum absolviert wird.

So weit das Formale. Zur Abrundung eine Gegenüberstellung: vom Image zum realen Profil dieser Schule.

Genau hingeschaut: das Gymnasium

Im Allgemeinen wird das Gymnasium vornehmlich als Institution zur Erlangung des Abiturs gesehen. Doch ein Blick durch die Lupe lässt die Besonderheiten dieser Schule hervortreten. Sie vertritt in besonderem Maß den Anspruch, ein breites Fundament an Allgemeinbildung zu vermitteln. Denn die Abiturientinnen und Abiturienten sollen später im Studium den persönlich gewünschten und individuell geeigneten Schwerpunkt setzen können. Das Ziel der weit gespannten Kenntnisse und Fähigkeiten ist aber nur erreichbar, wenn der hohe Anspruch der Schule auf ein ebenfalls hohes Maß an Selbstständigkeit auf Seiten der Schülerinnen und Schüler trifft. Gymnasiasten müssen stärker als andere Schüler selbst erkennen, was jeweils in den einzelnen Fächern zu erledigen ist, welche zusätzlichen Informationen beschafft werden müssen, welche Lerntechniken anzuwenden beziehungsweise zusätzlich zu entwickeln sind. Wer die Grundschule mit recht guten Noten verlässt, sich bis dahin aber immer nur mühsam und mit Tricks zum Lernen aufraffen konnte, wird am Gymnasium in Schwierigkeiten geraten. Denn dort kommt nicht nur als inhaltliche Besonderheit ab Klasse sieben die zweite Fremdsprache als Hauptfach hinzu. Das Lernen vollzieht sich auch in größeren Schritten. Wer auf häufige Erklärungen und permanente Betreuung angewiesen (eingestellt) ist, zieht hier den Kürzeren.

Gymnasiasten sollten vor allem im Fach Deutsch gute Vorkenntnisse haben.

Und dann die Muttersprache. Sinnentnehmendes Lesen, aufgabengebundenes Schreiben und textgebundenes Interpretieren: Das erfordert – weil fächerübergreifend verlangt – solide Vorkenntnisse im Fach Deutsch der Grundschule. Mängel in diesem Bereich schlagen stärker durch als etwa Defizite in Mathematik.

Und schließlich gerät eine weitere Besonderheit in den Blick: Die einzelnen Gymnasien haben meist einen besonderen Schwerpunkt in einem bestimmten Bereich oder Fach. Zu nennen sind zum Beispiel eine naturwissenschaftliche oder eine sprachliche

Orientierung, die Betonung des musischen oder des sozialwissenschaftlichen Bereichs oder die bilingualen Bildungsgänge. Hierbei wird das Erlernen der ersten Fremdsprache intensiviert, damit der Unterricht in bestimmten Fächern (Geschichte, Erdkunde, Politik) später auch in dieser Sprache erteilt werden kann.

Das Schulprogramm stellt Ihnen die Schwerpunkte einer Schule vor.

Modern und „anders“: die Gesamtschule

Die in den siebziger Jahren eingeführten Gesamtschulen sollen für mehr Chancengleichheit sorgen. Statt die Schüler nach der Grundschule auf die verschiedenen Schularten zu verteilen, werden sie gemeinsam unterrichtet.

Je nach ihren Fähigkeiten nehmen sie an unterschiedlichen Kursen teil. In der Gesamtschule können alle Abschlüsse und Berechtigungen erworben werden, die von der Hauptschule, der Realschule und dem Gymnasium vergeben werden. Das flexible Kurssystem der Gesamtschule möchte Kindern unterschiedlicher Begabungsrichtungen und Fertigkeiten gerecht werden. Es berücksichtigt deshalb deren individuelle Stärken, Schwächen und Neigungen. Zum Standard der Gesamtschule gehören aus diesem Grund Unterrichtsmethoden wie Projektarbeit und Wochenplanarbeit. Alle Abschlüsse des deutschen Schulsystems können auch hier erworben werden (Voraussetzung: angeschlossene gymnasiale Oberstufe; sonst Wechsel in die Oberstufe eines Gymnasiums).

Auch hier einige einschränkende Hinweise: Die Förderung des einzelnen Kindes kann beeinträchtigt sein, wenn in einer Klasse zu

Es geht auch anders: In der Gesamtschule werden die Kinder erst spät verschiedenen Schulformen zugeordnet.

viele unterschiedlich begabte Schüler sitzen. Ab der siebten Klasse werden die Kinder in verschiedene – an der Leistung orientierte – Gruppen aufgeteilt; dieser Wechsel stört den vertrauten Klassenverband und kann ein Kind belasten. Hohe Schülerzahlen, wie sie an Gesamtschulen immer wieder vorkommen, können zudem Unübersichtlichkeit und Anonymität fördern.

Genau hingeschaut: die Gesamtschule

Ihre Attraktivität zieht die Gesamtschule unter anderem aus dem Umstand, dass nach der Vorentscheidung für diese Schulart alle weiteren Wege des deutschen Schulsystems offen bleiben und Schritt für Schritt jeweils neu die passende Fortsetzung der Schullaufbahn gewählt werden kann. Denn in der Gesamtschule sind die Bildungsgänge der Hauptschule, der Realschule und des Gymnasiums zusammengefasst. Gesamtschüler haben die Möglichkeit, aus dem Lernangebot der Schule ihren Bildungsgang zusammenzustellen und auf diesem Wege einen der üblichen Schulabschlüsse zu erwerben. Ein weiteres positives Merkmal ist die Tatsache, dass Gesamtschulen fast immer Ganztagsschulen sind, das heißt, an (meist) drei Tagen der Woche kommt am Nachmittag ein Angebot aus Übungsstunden, Hausaufgabenbetreuung, Förderstunden und Arbeitsgemeinschaften hinzu. Dies entlastet die Familien gleich in mehrfacher Hinsicht von sonst üblichen Bürden. Aber nicht zu vergessen: Zur Konzeption dieser Schulart gehört auch eine umfassende pädagogische Betreuung des einzelnen Schülers. Hier übernimmt die Gesamtschule Aufgaben, die in anderen Schulen häufig gar nicht oder nicht so intensiv wahrgenommen werden können.

Attraktiv und aktuell – Ganztagsschulen.

Eine Alternative: Privatschulen

Spätestens die PISA-Studie hat belegt: Lernen wird in Deutschland klein geschrieben. Immer mehr Eltern schicken ihre Kinder daher auf private Schulen. Einen „unglaublichen Boom“ beobachtet Petra Witt, Vorsitzende des Landesverbandes NRW der Deutschen Privatschulen. In Deutschland gibt es bereits 2300 private Schulen. Und ihre Zahl steigt ständig. „Das Bedürfnis, Schulen zu gründen, ist enorm. Häufig sind es Elterninitiativen oder Lehrer, die hier aktiv werden. „Privatschulen müssen ebenso wie staatliche Schulen auf einem soliden Fundament stehen und die Lehrpläne einhalten. Vielen Kindern bleibt nur der Wechsel auf eine Privatschule, da in einer öffentlichen Lehranstalt zu wenig auf sie eingegangen wird. Das staatliche Bildungssystem ist von den Lerntechniken her lediglich auf dreißig Prozent der Schüler zugeschnitten“, sagt die Vorsitzende. In privaten Schulen versucht man deshalb, persönlicher auf die einzelnen Schülerinnen und Schüler einzugehen. Die Schulen arbeiten mit unterschiedlichen Konzepten. Alle jedoch haben eines gemeinsam: „Privatschulen sind Dienstleister, die können sich Stundenausfälle wie bei den staatlichen Schulen gar nicht leisten“, sagt Petra Witt. Träger der Privatschulen sind vor allem die katholische und die evangelische Kirche, die etwa zwei Drittel dieser Einrichtungen unterhält. Aber auch Vereine, die zum Beispiel alternative Konzepte wie Waldorf- und Montessorischulen tragen, erhöhen das vielfältige Angebot der Privatschulen. Die Schulformen reichen von Ganztags-Realschulen über reine Jungengymnasien bis zu Fachoberschulen.

Im Serviceteil finden Sie Internetadressen von Privatschulen.

Die Vorteile der Privatschulen

- individuelle, gezielte Förderung
- weniger Ausfall von Schulstunden
- Wertevermittlung, größerer Erziehungsbeitrag
- Ganztags-Betreuung
- größeres Mitspracherecht der Eltern

Die Nachteile der Privatschulen

- hohe Kosten (teilweise bis zu 1000 Euro im Monat)
- wenige freie Plätze
- oft nicht in unmittelbarer Umgebung gelegen
- teilweise nicht staatlich anerkannt (Prüfungen für Abschlüsse müssen an anderen, staatlich anerkannten Schulen gemacht werden)

Das föderale System: nicht leicht zu durchschauen*

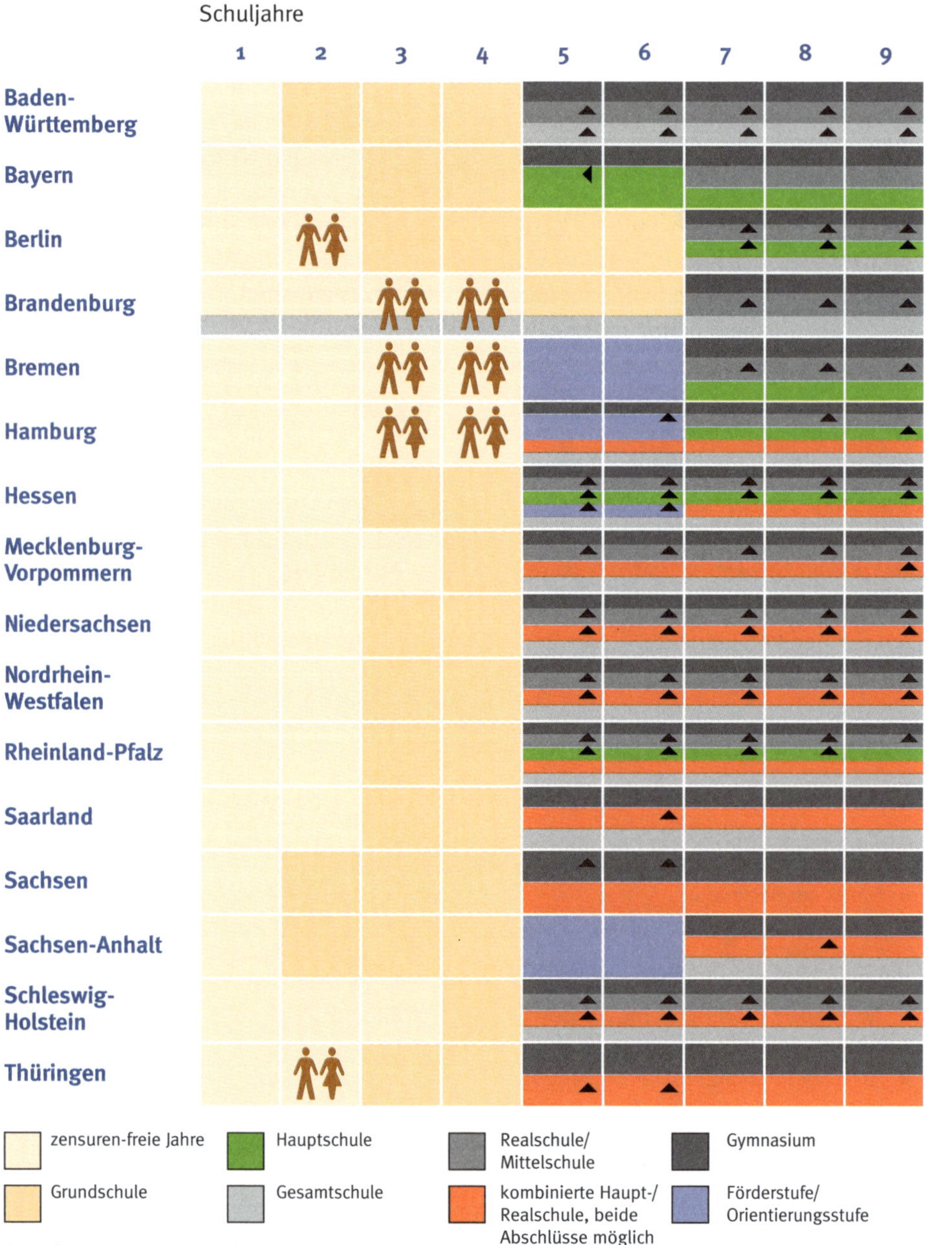

* Regelungen in einigen Bundesländern zur Zeit in Revision

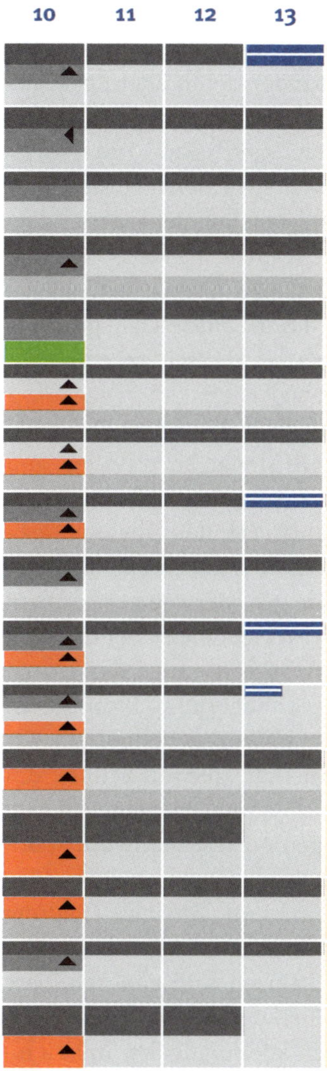

Entscheidung über weiterführende Schule	Abi-Quote am Anteil der gleichaltrigen Bevölkerung	einheitliche Prüfungsfragen (Zentralabitur)
2,5 Aufnahmeprüfung/Probeunterricht	28,6%	✔
2,3 Aufnahmeprüfung/Probeunterricht	19,8%	✔
Eltern	33,5%	
Eltern	34,7%	
Eltern	31,1%	
Eltern	34,0%	
Eltern	30,6%	
Eltern	27,4%	✔
Eltern	25,9%	
Eltern	29,2%	
Eltern	25,1%	
Eltern	22,1%	✔
2,5 Aufnahmeprüfung/Probeunterricht	31,8%	✔
Eltern	29,0%	✔
Eltern	25,8%	
2,0 Aufnahmeprüfung/Probeunterricht	29,7%	✔

Abitur wahlweise nach 12 oder 13 Jahren

Übergang von einer Schulart auf die andere möglich

bei Schulartwechsel Wiederholung der Klasse

Aufnahmeprüfung/Probeunterricht bei schlechteren Noten

Ob Zensuren oder nicht entscheiden Eltern und Klassenkonferenz

Eltern

2,0 Note für den Übergang aufs Gymnasium in Mathe und Deutsch (Bayern u. Thüringen auch Sachkunde)

Internate

Etwa 40000 Jungen und Mädchen leben und lernen in Internaten. Wann ist ein Wechsel dorthin sinnvoll? Was müssen Eltern wissen? „In Internate werden Kinder gesteckt, die reiche Eltern, aber chronisch schlechte Noten haben – oder Kinder, deren Eltern geschieden oder karrierebesessen sind und nie Zeit für sie haben" – so weit das Klischee. Die wahren Gründe, ein Kind in ein Internat zu schicken und dafür viel Geld zu bezahlen, sind meist andere: Internate bieten im Gegensatz zu den staatlichen Schulen eine kindbezogene Betreuung, außergewöhnliche Wahlfächer, kleine Klassen, intensive Förderung – und strenge Disziplin. Das ist auch Eltern wichtig, deren berufliche Belastung im Normalbereich liegt, die es aber leid sind, an jedem Nachmittag bei den Hausaufgaben zu helfen und obendrein Chauffeursdienste zu leisten.

Weil es oft um viel Geld geht, müssen Internatsverträge genau studiert werden.

Die Kosten sind unterschiedlich. Kirchliche Internate verlangen etwa 500 Euro pro Monat, bei privaten kann die Gebühr mehr als 2000 Euro monatlich ausmachen. Viele Internate bieten begabten Schülern aus allen sozialen Schichten Stipendien an. Die Kostensätze allein sagen nichts darüber aus, wie gut oder wie geeignet ein Internat für ein Kind ist. Einerseits verursacht die Betreuung und Förderung hohe Kosten, andererseits weisen einige der teuren Schulen einen hohen Anteil – mitunter annähernd 50 Prozent – an „Problemkindern" auf, die meist leistungsbezogene und emotionale Schwierigkeiten haben. Es gibt Institute, die nur Schüler mit einem gewissen Notendurchschnitt aufnehmen oder eine Art Aufnahmeprüfung verlangen. Andere legen mehr Gewicht auf sportliche oder musische Förderung und bevorzugen entsprechend begabte Kinder. Unter Umständen wird hier also eine Bildung vermittelt, die man kaum als ganzheitlich bezeichnen kann.

Für jüngere Schüler sind kleinere Gruppen und eine familiäre Atmosphäre besonders wichtig. Schüler, deren Eltern den Internatsbesuch nur mit Mühe finanzieren können, leiden mit ziemlicher Sicherheit darunter, dass sich die Mehrzahl der Mitschüler konsum- und prestigeorientiert verhält. Braucht allerdings ein

Kind besonders intensive Betreuung und Zuwendung sowie ausreichend Rückzugsmöglichkeiten in einen Privatbereich, muss man eben auch bereit sein, die höheren Kosten auf sich zu nehmen. Auch bei Kindern gibt es mitunter Vorbehalte gegenüber Internaten, die meist auf falschen Vorstellungen beruhen. Deshalb empfehlen wir, das in Frage kommende Internat zu besuchen und die Verhältnisse vor Ort sorgfältig zu mustern.
Bedenken Sie Folgendes:
Welches Konzept entspricht der Wesensart und den Begabungen des Kindes am ehesten? Ist eine gezielte Förderung in den „Problemfächern" gewährleistet? Sind die Räume so gestaltet, dass sich ein Kind darin wohl fühlen kann?
Außerdem sollte eine Entscheidung für das Internat nach einem mit dem Kind verabredeten Zeitraum überprüft werden.

Es ist bei Internaten wichtig, sich die Rahmenbedingungen der besonderen Förderung genau anzusehen.

Sind die Noten schon seit einiger Zeit abgefallen, ist Nachhilfeunterricht oft sinnvoller, als einem Kind auch noch die Eingewöhnung in eine neue Gemeinschaft und die Trennung vom Elternhaus zuzumuten. Wer schüchtern ist, sich schlecht behaupten kann oder andere Schwierigkeiten mit dem Gruppenleben hat, wird sich in dieser Gemeinschaft Gleichaltriger schwer tun. Das ideale Internatsalter erreichen Kinder erst mit zwölf, dreizehn Jahren. Doch auch dann kann das Heimweh ein gutes Vierteljahr anhalten. Zeigt ein Kind negative Wesensveränderungen oder kränkelt es auffallend, sollte man den Versuch abbrechen.
Wenn Eltern sich entschieden haben und ihre Tochter oder ihren Sohn auf ein Internat schicken wollen, stehen sie erst einmal vor einer schweren Aufgabe: eine Einrichtung zu finden, die einerseits den Neigungen des Kindes und ihren eigenen Vorstellungen entspricht, die andererseits aber auch bezahlbar ist. Internatsberatungen helfen hier weiter. Sie informieren über alle wichtigen Fragen: Welche Internate es gibt, was sie bieten, wie viel sie kosten. Außerdem unterstützen sie die Eltern bei der Suche nach einem freien Platz. Die meisten verlangen allerdings eine Vermittlungsgebühr. Die Adressen von Vermittlern finden Sie im Serviceteil.

Eine gute Wahl

Entscheidend für den Erfolg eines Kindes sind neben der richtigen Schulart noch einige andere Umstände: wie es mit den verschiedenen Lehrern zurechtkommt und wie wohl es sich im Klassenverband fühlt. Es geht also nicht allein um die Frage nach Gymnasium, Real-, Haupt- oder Gesamtschule, es geht auch darum, eine Schule zu finden, die Ihrem Kind in ihrer ganz speziellen Gestaltung entgegenkommt.

Im so genannten Schulprogramm wird der pädagogische Schwerpunkt einer Schule umrissen. Dabei kann es sich um einen musischen, künstlerischen, sportlichen, religiösen, technischen, sprachlichen oder naturwissenschaftlichen Schwerpunkt handeln.

Das Schulprogramm ist das pädagogische Konzept einer Schule.

Je nach Schule sind D-Zug-Klassen, bilingualer Unterricht, Integrationsklassen oder auch Förderklassen im Angebot. Die Schulprogramme geben Auskunft darüber, was sich dahinter verbirgt.

Neben Halbtagsschulen gibt es Ganztagsschulen sowie Kollegschulen oder auch freie Schulen mit besonderem pädagogischem Anspruch, man denke zum Beispiel an die Montessori-Schulen. Innovative Schulen setzen auf Team- und Projektarbeit, andere bevorzugen klassische Unterrichtsmodelle, wieder andere verbergen nur mit Mühe, dass sie sich mit Weiterentwicklungen schwer tun.

Am besten wählt man die neue Schule mit dem Kind gemeinsam aus und klärt während der Suche folgende Fragen:

- Welches Schulprogramm entspricht der Wesensart und der Begabung des Kindes am ehesten?
- Wird seinen Neigungen wirklich genügend Raum gegeben?
- Was geschieht bei Leistungseinbrüchen? Gibt es Förder- oder Unterstützungsmaßnahmen?
- Wie wirkt das Schulgebäude? Sind die Klassen- und Gemeinschaftsräume so gestaltet, dass sich ein Kind darin wohl fühlen kann?

So gehen Sie auf Nummer sicher

Eltern sollten also nicht auf spätere Berufsaussichten starren, die sich binnen fünf Jahren ohnehin ändern können, sondern herausfinden, wo es ihrem Kind gut geht. Richtig sein kann also auch eine gute Real- oder Hauptschule, eine Waldorfschule, eine Gesamtschule oder bei Kindern mit Lernschwächen eine Sonderschule. Rund 460 innovative Schulen aller Schularten haben sich im Netzwerk der Bertelsmann-Stiftung zusammengeschlossen. Die richtige Schule müssen Eltern aber aus dem großen Angebot selbst herausfiltern.

Schulen beginnen zunehmend damit, Einzelheiten ihrer Konzepte offen zu legen. Möchten Sie also herausfinden, ob die nächstgelegene Schule Ihren Erwartungen und Vorstellungen entspricht, werden Sie mit Ihren Fragen vermutlich ein offenes Ohr finden. Ein Besuch dort vermittelt erste Eindrücke und gibt Ihnen die Gelegenheit, problematische Punkte anzusprechen. Und wonach erkundigt man sich am besten? Nutzen Sie die langjährige Erfahrung der Bertelsmann-Stiftung mit innovativen Schulen und Schulsystemen weltweit. Auf der Grundlage dieser Erfahrung ist ein Fragebogen entstanden, der

Tipp

Nehmen Sie unbedingt Einblick in die Schulprogramme der Schulen, die für Ihr Kind in Frage kommen. Im Sekretariat erhalten Sie Auskunft darüber, wo das Schulprogramm ausliegt. Viele Schulen haben ihr pädagogisches Konzept ins Internet gestellt.

So informieren Sie sich über eine Schule

- Besuchen Sie die Informationsabende oder die „Schnuppertage“, die mehr und mehr Schulen vor Beginn der Anmeldungszeiten veranstalten.
- Fragen Sie im Schulsekretariat nach Unterlagen über die Schule, insbesondere nach dem Schulprogramm.
- Schauen Sie sich die Homepage der Schule im Internet an.
- Sprechen Sie den Schulleiter oder Mitglieder des Kollegiums an und klären Sie Fragen im Gespräch.

Eltern dabei helfen soll, eine gute Schule zu finden – oder auch die Schule zu hinterfragen, auf die ihre Kinder bereits gehen. Der Katalog gilt ebenso für Grundschulen wie für weiterführende Schulen, unabhängig von der Schulart.

Frage 1: Was lernen die Schülerinnen und Schüler an dieser Schule?

Einer guten Schule geht es neben dem Erwerb von Fachwissen ausdrücklich auch um Persönlichkeitsentwicklung sowie um den Erwerb von Schlüsselkompetenzen, wie zum Beispiel Lesekompetenz, soziale Kompetenz, die Fähigkeit zum vernetzten Denken und die Fähigkeit zum selbstständigen Lernen. Fragen Sie zum Beispiel, welche Lernziele das pädagogische Konzept der Schule ausweist, ob es besondere Fächer an der Schule gibt, welche Angebote der Wahlpflichtbereich in Jahrgang 9 und 10 bereithält und in welchen Fächern Förderunterricht erteilt wird.

Frage 2: Wie lernen die Schülerinnen und Schüler an dieser Schule?

Eine gute Schule setzt im regulären Unterricht vielfältige Lernmethoden ein, um die oben genannten Lernziele zu erreichen. Die Schüler werden systematisch zum selbstständigen Lernen angeleitet. Fragen Sie zum Beispiel, ob die Schüler mit Wochenplänen oder thematischen Schwerpunkten arbeiten, ob es Phasen „freier Arbeit“ gibt, ob und inwiefern die Lehrkräfte auf den einzelnen Schüler eingehen, ob und wie neue Medien zum Einsatz kommen und ob Projekte Bestandteil des normalen schulischen Lernens sind; sie sollten nicht nur als „Highlight“ am Schuljahresende stattfinden. Erkundigen Sie sich auch, ob es einmal oder zweimal im Jahr Gemeinschaftsveranstaltungen von Lehrkräften, Schülern und Eltern gibt.

Frage 3: Hat die Schule ein Schulprogramm?

Eine gute Schule weiß, was sie will, und schreibt dies in einem pädagogischen Konzept auf. Dieses Konzept oder Schulprogramm legt die Ziele (Was lernen die Schüler?) sowie die Arbeitsschwerpunkte und Umsetzungswege der Schule (Wie lernen die Schüler?) dar. Gibt es zum Beispiel einen ausgearbeiteten Katalog von Verhaltensregeln, deren Nichtbefolgung konsequent geahndet wird? Auch besondere Schwerpunkte wie der schulische Ganztag, die Musikförderung oder der zweisprachige Unterricht werden hier erläutert. Lehrkräfte, Schüler und Eltern stehen gemeinsam hinter diesem Konzept. Fragen Sie also nach dem Schulprogramm der Schule.

Frage 4: Arbeiten die Lehrer im Team? Tauschen sie sich regelmäßig aus?

Um das Lernen für Schülerinnen und Schüler sinnvoll zu gestalten, müssen sich die Lehrer untereinander über die Lehrplaninhalte abstimmen. Zum Beispiel kann eine Lektüre im Deutschunterricht zusammen mit dazu passenden Fachinhalten der Biologie, Geschichte und Erdkunde verknüpft werden. Fragen Sie zum Beispiel, ob es neben den Fachkonferenzen regelmäßige Teamsitzungen der Lehrer einer Klasse oder Jahrgangsstufe gibt, in denen Unterricht fächerübergreifend abgestimmt und vorbereitet wird.

Frage 5: Bildet sich das Kollegium systematisch fort?

Eine gute Schule braucht gute Lehrerinnen und Lehrer. Gute Lehrkräfte zeichnen sich dadurch aus, dass sie selbst dazulernen wollen. Fragen Sie zum Beispiel, ob es im Kollegium gemeinsame Fortbildungstage gibt, zu welchen Themen diese stattfinden und ob die Lehrer sich gegenseitig im Unterricht besuchen.

Frage 6: Arbeitet die Schule mit anderen Partnern zusammen?

Eine gute Schule öffnet sich ihrem Umfeld, zum Beispiel wenn es um Konzepte zur Gewaltprävention oder um Konfliktbearbeitung geht. Durch den Besuch von Experten im Unterricht oder durch Praxisunterricht in Betrieben, Bibliotheken oder Museen können sich Schülerinnen und Schüler lebenspraktische und fachliche Fähigkeiten aneignen. Sie erhalten außerdem Anregungen für den eigenen Berufswunsch. Fragen Sie zum Beispiel, wann und wo Unterricht auch außerhalb der Schule stattfindet, ob Experten von außerhalb den Unterricht mitgestalten und ob die Schule Partnerschaften pflegt, zum Beispiel auch im Ausland.

Frage 7: Bewertet die Schule regelmäßig die Qualität der pädagogischen Arbeit?

Eine gute Schule ist selbstbewusst und offen. Sie weiß um ihre Stärken und Schwächen und sie redet darüber. Sie stellt die Qualität ihrer Arbeit regelmäßig auf den Prüfstand und leitet aus den Ergebnissen Ziele und Maßnahmen ab, um immer besser zu werden. Sie hinterfragt nicht nur die Gesamtheit der Lernergebnisse der Schüler, sondern auch die Prozesse des Lehrens und Lernens, die Führung durch die Schulleitung und das Schul- und Lernklima.

Fragen Sie nach Bestandsaufnahmen der Schule und nach deren Ergebnissen.

Frage 8: Werden die Schüler, die Eltern und die späteren „Abnehmer" der Schule regelmäßig nach ihrer Zufriedenheit gefragt?

Zu einer gezielten Qualitätsentwicklung der Schule gehört auch die Auswertung von Rückmeldungen: der Schülerinnen und Schüler selbst, der Eltern und der Einrichtungen, die die Schüler anschließend aufnehmen (Schulen, Betriebe etc.). Fragen Sie nach den Ergebnissen solcher Befragungen.

Frage 9: Bezieht die Schulleitung Lehrer, Schüler und Eltern in Entscheidungen und Planungen ein?

Eine gute Schule legt großen Wert auf eine starke Schulgemeinschaft. Die Beteiligung von Lehrern, Schülern und Eltern an Entscheidungen und Planungen ist Voraussetzung dafür, dass sie sich aktiv einbringen und sich für die Belange der Schule engagieren. Fragen Sie zum Beispiel, wie das Schulprogramm entstanden ist und wie sich die Lehrkräfte, Schüler und Eltern eingebracht haben.

Frage 10: Fördert die Schule die aktive Elternarbeit?

Wenn Eltern und Lehrer an einem Strang ziehen, sind die Anstrengungen der Schüler erfolgreicher. In regelmäßigen Gesprächen erörtern Eltern, Lehrer und Schüler nicht nur Lernschwierigkeiten, sondern auch Lernerfolge der Schüler. Gemeinsam werden Entwicklungsziele und dazu passende Strategien festgelegt. Fragen Sie zum Beispiel, wie oft Gespräche zwischen Ihnen, Ihrem Kind und den Lehrern zu erwarten sind und welche Themen im Mittelpunkt stehen werden.

Hilfreich in der Orientierungsstufe

Es gibt weitere Hinweise auf die Offenheit, die eine Schule für pädagogische Neuerungen zeigt. Besonders förderlich wirkt sich zum Beispiel die Doppelbesetzung der Klassenleitung insbesondere in der Orientierungsstufe aus: Eine Lehrerin und ein Lehrer verstehen sich als Team, betreuen die Lerngruppe gemeinsam, besprechen in einer gemeinsamen Freistunde ihre Eindrücke und Beobachtungen, planen pädagogische Interventionen und organisieren die Zusammenarbeit mit den Eltern. Sie sprechen auch Maßnahmen der Lernförderung ab und kooperieren hierbei mit der Schulleitung.

Fragen Sie nach, es lohnt sich.

Nicht nur die Ausstattung mit Fachräumen zählt. Fragen Sie nach, ob es auch die Fachlehrer dazu gibt.

Versuchen Sie, mit der neuen Schule ins Gespräch zu kommen. Es lohnt sich, pädagogische Vorstellungen zu klären. Eine Klassenkonferenz etwa kann die Aufgabe übernehmen, Empfehlungen für die unterrichtliche Praxis in Klasse 5 auszusprechen, und Vorschläge für geeignete Methoden bzw. Materialien erarbeiten: schülerzentrierte Arbeitsverfahren, anschauliche Informationsquellen, Erfahrungslernen statt Paukbetrieb, Differenzierung als Antwort auf die unterschiedlichen Voraussetzungen und Begabungsrichtungen der Kinder, Lernen in der Gruppe zum Erwerb der Teamfähigkeit. Die Möglichkeiten sind vielfältig.

Auch ein sanierungsbedürftiges Gebäude kann Freundlichkeit ausstrahlen!

Und zu guter Letzt: Augen auf!

Gehen Sie – zum Beispiel nach dem Besuch des Schulsekretariats – in der Pause über den Schulhof:

- Wirkt die Schule auf Sie offen und freundlich?
- Sind die Fenster von innen geschmückt?
- Sind Gebäude und Gelände von Schmierereien und Vandalismus geprägt?

Beobachten Sie die Lehrer und die Schüler während der Pausenaufsicht:

- Sprechen sie miteinander?
- Gehen sie respektvoll und freundlich miteinander um?
- Sind die Lehrer offen für Schülerfragen?
- Wie werden Streitfälle geklärt?
- Fragen Sie die Schüler, ob sie gern in diese Schule gehen und ob sie an ihrer Schule etwas lernen.

Weitere Hinweise erhalten Sie im Sonderheft der Zeitschrift Eltern for family (www.eltern.de/schul-guide) im Abschnitt „So finden Sie die richtige Schule“. Dieses Sonderheft gibt es in verschiedenen Regionalausgaben, es liegt zum Jahreswechsel meist an vielen öffentlichen Orten, auch Schulen aus. Die Redaktion nimmt keine Bewertung der Schulen vor, sie übernimmt die Angaben, die die Schulen vor Ort in einem Fragebogen rückmelden.

Die Schule erkunden

Erkundung in drei Schritten, Ihr Urteil:

Der erste Eindruck

	ja	teilweise	nein
Sieht das Schulgebäude einladend aus? (Gemeint ist nicht sterile Sauberkeit, sondern ein freundliches Umfeld, genügend Raum für die Gestaltung von Pausen, wie etwa Sitzecken.)	☐	☐	☐
Würdigt die Schule die Leistungen ihrer Schüler, zum Beispiel mit Ausstellungen von Bildern, handwerklichen und anderen kreativen Arbeiten im Eingangsbereich und in den Klassenzimmern?	☐	☐	☐
Erleben Sie die Atmosphäre der Schule als offen und freundlich?	☐	☐	☐
Macht die Vorstellungsbroschüre der Schule einen guten Eindruck?	☐	☐	☐

Gespräche mit Lehrern, Schülern und Eltern

	ja	teilweise	nein
Haben die Lehrer eine optimistische Einstellung zu ihren Schülern?	☐	☐	☐
Sind die Lehrer für Eltern und Schüler auch außerhalb der Unterrichtszeit erreichbar?	☐	☐	☐
Erlaubt die Größe der Klassen eine individuelle Förderung?	☐	☐	☐
Sind als Unterrichtsmethoden neben dem Frontalunterricht auch Arbeitsgruppen üblich?	☐	☐	☐
Beginnt der Unterricht pünktlich, werden Hausaufgaben regelmäßig kontrolliert und Klassenarbeiten zügig korrigiert?	☐	☐	☐
Greifen Lehrer bei Konflikten (Prügeleien) unmittelbar ein?	☐	☐	☐

Fragen an die Schulleitung	ja	teilweise	nein
Strebt die Schule ein besonderes Profil an?	☐	☐	☐
Überprüft sie die selbst gesteckten Ziele?	☐	☐	☐
Fördert die Schule die Lern- und Leistungsbereitschaft ihrer Schüler, zum Beispiel durch Rechenolympiaden oder Aufsatzwettbewerbe?	☐	☐	☐
Gibt es Förderstrategien, damit schwächere Schüler Lernrückstände aufholen können?	☐	☐	☐
Werden besondere Begabungen und Neigungen (zum Beispiel Hochbegabung) gefördert?	☐	☐	☐
Wird Eigenverantwortung der Schüler etwa durch Projektarbeit gestärkt?	☐	☐	☐
Bilden sich die Lehrer fort?	☐	☐	☐
Gibt es Angebote außerhalb des regulären Unterrichts (Arbeitsgemeinschaften, Sportteams)?	☐	☐	☐
Hat sich das Kollegium im Schulprogramm auf bestimmte Punkte festgelegt?	☐	☐	☐
Findet man diese Aspekte im Schulleben wieder?	☐	☐	☐
Wie ist die Fortschreibung der beschlossenen Maßnahmen geregelt?	☐	☐	☐

Der Übergang

Zwischen Hoffnungen und Ängsten: die weiterführende Schule.

Am Ende der Grundschule müssen sich die Schülerinnen und Schüler von ihren bisherigen Lehrern und von vielen ihrer Mitschüler trennen. Neue soziale Netze müssen geknüpft, alte Verhaltensmuster abgelegt und Lerngewohnheiten geändert werden.
Damit verbinden sich, sowohl für die Schüler als auch für die Eltern, Hoffnungen und Ängste. Das hat bereits vor Jahrzehnten die Kultusministerkonferenz bewogen, Tipps für den Übergang von einer Schulart in die andere zu geben. Ihre Aktualität ist erstaunlich.

Empfehlungen der Kultusministerkonferenz zum Schulübertritt:

Der Übergang von einer Schulart in die andere ist für die Entwicklung des jungen Menschen von so weit tragender Bedeutung, dass er mit aller Behutsamkeit und Sorgfalt vorbereitet und vollzogen werden muss. Die Entscheidung darüber, ob ein Kind eine andere Schulart besuchen soll, darf nicht ausschließlich durch das Ergebnis einer Prüfung von wenigen Stunden oder Tagen bestimmt sein, sie kann auch nicht der abgebenden oder weiterführenden Schule allein überlassen werden. Das Verfahren muss sich vielmehr über einen längeren Zeitraum erstrecken, der den Lehrern hinreichende Gelegenheit zur Beobachtung des Kindes und zur Beratung der Eltern gibt.
Das natürliche Recht der Eltern auf die Erziehung ihrer Kinder muss bei der Wahl des Bildungsweges beachtet werden. Für die mannigfachen Begabungen der heranwachsenden jungen Menschen den

richtigen Bildungsweg zu sichern, ist aber auch eine der Grundforderungen unserer Arbeitswelt an die Schule.
Für die verschiedenen Arten von Übergängen gelten einheitlich folgende Grundsätze:

1. Jedem Kind muss – ohne Rücksicht auf Stand und Vermögen der Eltern – der Bildungsweg offen stehen, der seiner Bildungsfähigkeit entspricht.
2. Abgebende und weiterführende Schulen wirken bei der Entscheidung zusammen. Das Verfahren muss bei beiden von dem Willen zu verständnisvoller und fruchtbarer Zusammenarbeit getragen sein.
3. Für die Entscheidung über die Aufnahme eines Kindes in eine weiterführende Schule sind die für eine erfolgreiche Bildungsarbeit unentbehrlichen Kenntnisse und Fertigkeiten festzustellen; es sind aber auch Eignung, Neigung und Wille des Kindes zu geistiger Arbeit insgesamt zu werten.
4. In dem Verfahren werden die Erkenntnisse der Pädagogik und Psychologie berücksichtigt. Auf jede schematische und mechanische Gestaltung des Verfahrens ist zu verzichten.
5. Da sich die geistige Entwicklung des Kindes in verschiedenen Phasen von unterschiedlicher Dauer vollzieht, kann der Übergang nicht bei jedem Kind zum gleichen Zeitpunkt erfolgen, er muss vielmehr auf verschiedenen Altersstufen möglich sein. Ein verfrühter Übertritt ist zu vermeiden.

Die Aussagen der Kultusministerkonferenz von 1960 sind noch immer aktuell.

Den Wechsel vorbereiten

Der Übergang von der Grundschule zu einer der weiterführenden Schulen ist für Kinder ein aufregender Vorgang. Gespannt und voller Erwartung blicken sie den kommenden Veränderungen entgegen, und manche zeigen sich auch unsicher und ängstlich gegenüber all dem Neuen, das auf sie einstürmen wird.
Die Lehrer und Lehrerinnen der abgebenden und der aufnehmenden Schule können nur durch Absprachen, Vorbereitungstreffen und gegenseitige Hospitationen für einen gleitenden Übergang sorgen.

Zuerst hatte ich Angst

„Anfangs habe ich mich fast verlaufen in der neuen Schule. Ich wusste nicht, wo die Sporthalle war, und hab' manchmal meine Klasse kaum wiedergefunden, wenn ich auf Toilette war. Aber inzwischen bin ich hier schon ein bisschen wie zu Hause. Die Cafeteria ist toll, so was gab´s in der Grundschule gar nicht."
Schülerin, Klasse 5 einer Gesamtschule

„Die Schule ist cool. Erst wollte ich mit den anderen auf die Gesamtschule, aber jetzt bin ich froh, dass ich hier in der Realschule bin. Obwohl sonst keiner hierhin geht, aus meiner alten Klasse. Die Lehrer sind nett. Und die Schule ist nicht so riesig groß wie die Gesamtschule. Ich kenne schon ganz viele andere, die hier neu sind."
Schüler, Klasse 5 einer Realschule

Sie können einiges tun, um Ihrem Kind seine Ängste zu nehmen.

In der alten Schule zählte Ihr Kind zu den Großen, jetzt wird es plötzlich wieder zu den Kleinen gehören. Diese Spitze können Sie nehmen, indem Sie darauf hinweisen, dass Ihr Sprössling ja immerhin auf die Schule der Großen gehen wird, auch wenn er dort klein sein mag. Erzählen Sie von Ihrer eigenen Schulzeit und machen Sie Ihrem Kind Mut: Teilen Sie Ihre Gefühle mit. Sie haben sich vermutlich ebenfalls mit dem Übergang schwer getan; erzählen Sie dann, wie Sie zunehmend besser klargekommen sind. Schließlich haben Sie Ihre Schulzeit ja erfolgreich beendet. Ihr positives Vorbild kann für Ihr Kind entlastend wirken.

Angebote der neuen Schule nutzen

Die aufnehmenden Schulen wissen natürlich auch um die Nöte der kleinen Neuankömmlinge. Viele bieten deshalb bereits während des vierten Schuljahres Aktivitäten an, die Vorfreude wecken und Sicherheit schaffen sollen. Dazu zählen zum Beispiel Kennenlern-Nachmittage in der neuen Klasse, bisweilen begleitet von so genannten Tutoren, Schülern der höheren Klassen, die den Neuankömmlingen zur Seite stehen. Dann kennen die Kinder bei Schuljahresanfang bereits einige von den „Großen".

Beliebt sind inzwischen auch Einführungstreffen kurz vor den Sommerferien, an denen auch die Eltern teilnehmen können. Bei Kaffee und Kuchen haben Mütter und Väter die Gelegenheit, sich ein wenig zu beschnuppern, während die Kinder in ihrer neuen Klasse besprechen, was sie zu Schulanfang alles benötigen werden. Natürlich können auch Listen ausgegeben werden, doch sollte man nach Möglichkeit die Schülerinnen und Schüler persönlich informieren und sie so auch bereits auf das vorbereiten, was auf sie zukommen wird. Möglicherweise beobachtet Ihr Kind ungeduldig, ob Sie denn alle erforderlichen Sachen auch rechtzeitig besorgen. Nehmen Sie ihm die peinliche Befürchtung, es würde am ersten Schultag als einziges ohne das richtige Buch oder die passenden Stifte antreten müssen. Gehen Sie alles Notwendige gemeinsam einkaufen.

Nutzen Sie unbedingt den Tag der offenen Tür!

Vielleicht gibt es gegen Ende des vierten Schuljahres Veranstaltungen der aufnehmenden Schule, die Sie mit Ihrem Kind besuchen können. Viele Schulen stellen zum Beispiel zum Schuljahresende die Ergebnisse von Projektarbeiten vor, führen Theaterstücke oder Musicals auf oder feiern ein Schulfest. Nehmen Sie daran teil, auch so lernen Sie die Schule besser kennen.

Gibt es Computer an der Schule? Wie werden sie im Unterricht eingesetzt?

Den Schulweg erkunden

In den wenigsten Fällen wird die weiterführende Schule wie die Grundschule zu Fuß erreichbar sein. Ihr Kind muss lernen, öffentliche Verkehrsmittel selbstständig zu benutzen. Da die ersten Schultage aufregend genug sind, sollten Sie den Schulweg frühzeitig gemeinsam erkunden und einüben, wann und wo ein- und auszusteigen ist und wie Ihr Kind am sichersten in die Schule und zurück gelangt.

In Bus oder Bahn trifft man Freunde und erlebt kleine Abenteuer.

Unterschätzen Sie die Bedeutung des Bus- oder Bahnfahrens nicht. Ihrem Kind öffnet sich eine neue Welt, es „erfährt" sich buchstäblich eine bislang unbekannte Unabhängigkeit. Nehmen Sie also lieber davon Abstand, morgens und mittags oder nachmittags Schultaxi zu spielen. Sie nehmen Ihrem Sohn oder Ihrer Tochter vielleicht einen wichtigen Erfahrungsraum.

Es wird nicht ausbleiben, dass Ihr Kind nun wahrscheinlich früher aufstehen muss. Um morgendlichen Stress zu vermeiden, empfiehlt es sich, abends die Kleidung sowie die Schulsachen für den kommenden Tag bereitzulegen.

Ein guter Start in die neue Schule

Kinder brauchen Zeit, um die neuen Eindrücke und Erfahrungen zu verarbeiten und erste eigene „Antworten" auf die Herausforderungen zu finden.

Lehrer müssen zunächst oft Grundlagen für das Lernen schaffen.

Am Anfang ist vor allem wichtig, positive Einstellungen zu unterstützen, Unsicherheiten abzubauen und dafür zu sorgen, dass sich die Schülerinnen und Schüler am neuen Lernort und in der neuen Lerngemeinschaft wohl fühlen. Nicht immer bringen die Schülerinnen und Schüler das an Wissen und Fertigkeiten mit, was die neue Schule gern sehen würde. Deshalb gehört zum Programm der ersten Wochen auch das Bemühen, das vorhandene Können und die Fähigkeiten zu verstärken, zu ergänzen und zu verfeinern. Übergang und Neubeginn sollten sich möglichst harmonisch vollziehen. Bruchstellen stören die Entwicklung eines Kindes. Vor allem die Zusammenarbeit der Lehrkräfte im neuen Klassenkollegium kann dazu beitragen, dass die positiven Ansätze auch weitergeführt werden. Achten Sie also in den ersten Wochen darauf, inwieweit Ihr Kind seine Lust am Lernen behält oder ob es erste Anzeichen von Überforderung zeigt. Bitten Sie den Lehrer, die Lehrerin unbedingt um ein Gespräch, um Ihre Beobachtungen abzuklären. Aber vielleicht werden Ihre Bedenken schnell zerstreut, vielleicht können Sie aber auch Verständnis für die Nöte Ihres Kindes wecken.

Tipp

Sie können Ihrem Kind helfen, sich in der neuen Klasse zurechtzufinden. Am besten, indem Sie ihm Gelegenheit geben, seine Gefühle und Wahrnehmungen mit Ihnen zu besprechen. Reagieren Sie auf schwierige Punkte mit Ruhe und Gelassenheit. Durchhalteparolen oder Ermutigung zu aggressiven Reaktionen verschärfen Probleme eher. Hilfen und Anregungen finden Sie in einem Band der Cornelsen Eltern-Sprechstunde:
Ingo Spitczok von Brisinski: Dazugehören.
Wie Kinder ihren Platz in der Klasse finden.

Eine Klasse ist immer eine Gruppe, die über ihre Zusammensetzung nicht frei entscheiden konnte. Nicht immer gelingt es jedem Kind sofort, sich seinen Platz im neuen Umfeld zu behaupten. Vielleicht ist Ihr Kind in einer Gruppe bereits aus Grundschul- oder gar Kindergartenzeiten vertrauter Freunde und Freundinnen in die neue Klasse gewechselt; möglicherweise ist es aber auch das einzige Kind, das in eine bestimmte Schule wechselt. Hören Sie den Berichten über den neuen Klassenalltag geduldig zu und nehmen Sie, falls Schwierigkeiten auftreten, Rücksprache mit dem Klassenlehrer oder der Klassenlehrerin.
Es ist inzwischen durchaus üblich, dass die Schulen den neuen Schülerinnen und Schülern den Einstieg mit vielfältigen Maßnahmen erleichtern. Man beginnt nicht einfach mit der Stoffvermittlung in den einzelnen Fächern, sondern schafft zunächst einmal günstige Voraussetzungen für das Lernen überhaupt. Zuallererst müssen die Schülerinnen und Schüler mit „ihrer“ Schule vertraut gemacht werden.

Worauf muss ich nach dem Übergang achten?

- Beobachten Sie Ihr Kind in den ersten Wochen nach dem Wechsel sehr genau. Wie kommt es zurecht, zeigt es Symptome von Überforderung?
- Rechnen Sie damit, dass die Zeit nach dem Übergang anstrengend wird. Für das Kind hat sich viel geändert, es muss sich erst eingewöhnen, da kann es schon mal „zickig“ werden.
- Ermutigen Sie Ihr Kind, neue Schulfreunde nach Hause einzuladen, und erkundigen Sie sich nach seinen Erlebnissen in der Schule. Ihr Interesse für das Alltagsleben des Kindes erleichtert ihm die neue Situation und unterstützt sein Lernverhalten.
- Suchen Sie früh Kontakt zu den neuen Lehrern und fragen Sie nach deren Eindruck von Ihrem Kind. So erfahren Sie rechtzeitig, ob es Probleme gibt.
- Achten Sie darauf, dass trotz der neuen Anforderungen immer noch genug Zeit für Spielen und Ausruhen da ist. Ein gestresstes Kind wird keine optimale Leistung erbringen.
- Wenn Ihr Kind in der neuen Schule nicht mitkommt, spielen Sie nicht jeden Tag den Nachhilfelehrer. Wenn Ihr Kind es nur mit Ihrer Hilfe schafft, ist die Schulform nicht die richtige.
- Wenn Sie feststellen, dass Ihr Kind auf die falsche Schule geht, veranlassen Sie schnell einen Wechsel, denn je länger das Kind die falsche Schule besucht, desto schwieriger wird eine neuerliche Veränderung.

Elternabende nutzen

Es kommt Ihrem Kind zugute, wenn Sie sich im Rahmen der Elternmitwirkung engagieren.
Falls Sie einen Elternabend mitgestalten wollen, hier einige Hinweise, die zum Gelingen beitragen können.

1. Ein Elternabend ist Sache der Eltern. Sie organisieren diese Veranstaltung, dabei bitten Sie den Klassenlehrer um Unterstützung.
2. Suchen Sie sich ein Thema heraus, das auf allgemeines Interesse stößt, z.B. Hausaufgaben oder Angst vor der Schule.
3. Stellen Sie eine Tagesordnung auf; diese sollte der Elternschaft mit der Einladung vorher zugeschickt werden.
4. Beziehen Sie mehrere Eltern in die Vorbereitung ein, um sich die Arbeit zu erleichtern.
5. Nutzen Sie die Fähigkeiten und Kenntnisse der Eltern, bevor Sie auswärtige Referenten einladen.
6. Halten Sie die Themen knapp, zu denen lediglich Informationen mitgeteilt werden. Vielleicht können Sie sogar Angaben wie Termine, Daten zur Klassenfahrt u. Ä. auf schriftlichem Wege übermitteln.
7. Es ist wichtig, Absprachen zwischen Eltern und Lehrern zu treffen, bevor es zu Problemen in diesen Bereichen kommt. Klären Sie z. B., welche Vorstellungen von Hausaufgaben bestehen, und vereinbaren Sie, was passiert, wenn die Aufgaben nicht gemacht werden.
8. Benutzen Sie die Tafel oder andere Medien, um wichtige Informationen anschaulich darzubieten.
9. Elternabende können auch einmal außerhalb der Schule stattfinden. Das Beisammensein zum Beispiel im Clubraum einer Gaststätte trägt zu einer entspannten Gesprächssituation bei.

Häufige Sorgen von Eltern

Es gibt eine Reihe von Sorgen, die Eltern in Beratungsgesprächen immer wieder äußern. Leonhard Liese, Schulpsychologe aus Nordrhein-Westfalen, hat diese Punkte gesammelt und die Antworten im Internet veröffentlicht. Wir haben seine Fragen aufgegriffen, sie um weitere Punkte ergänzt und die entsprechenden Antworten hinzugefügt.

Unter www.schulpsychologie.de finden Sie häufige Fragen und Antworten zum Thema „Übergang".

Soll mein Kind selbst entscheiden?

Die Entscheidung über die Schullaufbahn können Eltern nicht ihrem Kind überlassen, denn es kann nicht in aller Tragweite wissen, über was es entscheidet. Die Eltern entscheiden, besprechen aber die Entscheidung gründlich mit ihrem Kind. Sie wissen (nach Erfahrung und Information) besser als ihr Kind, womit zu rechnen ist.

Kann ich mein Kind zur Hauptschule schicken, wenn alle Freundinnen und Freunde zur Realschule gehen?

Die Erfahrung zeigt, dass Grundschul-Freundschaften in die Brüche gehen, wenn es zu großen Unterschieden in der schulischen Leistung kommt. Leistungsstarke Kinder schließen sich oft mit ähnlich leistungsstarken Kindern zusammen; nicht deshalb, weil sich „gut" und „gut" gern gesellen, sondern weil diese Kinder oft gemeinsame Interessen haben – aber vor allem mehr Freizeit, weil sie die Schule locker erledigen. Andererseits finden fast alle Kinder auf der neuen Schule Kontakte zu neuen Freunden. Die Grundschule dauert vier Jahre, die weiterführende Schule sechs oder neun Jahre – genug Zeit für tragfähige Freundschaften!

Hat mein Kind wirklich keine Chance, die angestrebte Schule zu schaffen?

Bei einer Entscheidung ist abzuwägen, womit das Kind auf der neuen Strecke der Schullaufbahn konfrontiert wird. Es ist möglich, dass es auch die höhere Schulart schafft, allerdings vielleicht zu dem Preis, immer am Limit arbeiten zu müssen, mehr Zeit als die Klassenkameraden zu investieren und jedes Jahr um die Versetzung zu bangen. Dadurch kann es die Lust am Lernen verlieren. Wenn der Erfolg oder das pure Überleben auf der Schule neben dauernder Arbeit auch noch permanente Hilfe durch die Eltern erfordert, macht die Schule irgendwann die Familie kaputt.

Überforderung nimmt die Lust am Lernen.

Auf Dauer unverzichtbar: Kinder müssen Spaß am Lernen haben. Ist dieses Interesse einmal verloren, fällt es sehr schwer, sie wieder zu motivieren. Kinder arbeiten engagierter und zuversichtlicher, wenn sie gesetzte Ziele auch wirklich erreichen können, wenn sie nicht überfordert werden. Dann führt auch ein längerer Weg zum angestrebten Abschluss.

Sollen wir es nicht wenigstens riskieren?

Wenn ein Kind die Erfahrung macht, eine bestimmte Schulart verlassen zu müssen, weil es den Anforderungen nicht gerecht werden konnte, dann ist das nicht einfach ein Schulwechsel; dieser Vorgang wird vielmehr als persönliche Niederlage erlebt. Es gibt nur wenige Kinder, die solch ein Versagenserlebnis locker wegstecken, die große Mehrzahl leidet sehr darunter. Die neu aufgebauten Freundschaften zerbrechen wieder. Gleichzeitig ist es schwierig, sich neu in eine Klasse einzufinden, die inzwischen feste soziale Strukturen hat. Und es gibt sicher auch mal die Schadenfreude der Klassenkameraden aus der Grundschule, wenn jemand „zurückkommt". Vor allem aber: Ein Kind, das die Schule wegen nicht ausreichender Leistungen verlassen muss, hat in aller Regel an der Schule gelitten, hat Frustration erlebt, eine ablehnende Haltung gegen die Schule aufgebaut und oft auch Klassenarbeitsangst entwickelt. Schulen berichten immer wieder von Schülerinnen und Schülern, die nach dem Zurückgehen wegen ihrer Versagensängste, ihrer Unlust, ihrer Misserfolgsorientierung in der neuen, leichteren Schulart nicht Tritt fassen. Es gibt Fälle, in denen ein Kind das Gymnasium verlassen muss, von einer Realschule aufgenommen wird und nach einem Schuljahr wiederum zur Hauptschule wechseln muss.

Hat man ohne Abitur eine Chance im Job?

Es muss darum gehen, Ihr Kind zu demjenigen Schulabschluss zu führen, den es aufgrund seiner Fähigkeiten und Neigungen mit möglichst großer Sicherheit erreichen kann. Außerdem muss man in Ruhe überlegen, was ein Schulabschluss wert ist, der mit Hängen und Würgen so eben noch erzielt wurde. Welche Chancen hat Ihr Kind bei der Bewerbung auf eine Lehrstelle, wenn es ein miserables Abschlusszeugnis der Realschule vorlegt? Da wird der Bewerber mit dem guten Hauptschulabschluss (der zudem noch zwei Berufspraktika in die Waagschale legen kann) das bessere „Blatt auf der Hand“ haben.

Richtig ist, dass man ohne einen Schulabschluss wirklich schlechte Karten hat.

Was tun, wenn der Ruf der Wunschschule schlecht ist?

Der Ruf einer Schule ist nicht mehr als ein Gerücht! Vor allem ist dieser aber immer etwas älter als die Wirklichkeit. Mit dem Ruf ist es wie mit der Börse: Es geht aufwärts und abwärts – und das muss nichts zu tun haben mit den wirklichen Zuständen. Ein beliebiges Beispiel: In einem Gymnasium ist ein Drogenproblem offen ausgebrochen, das Ganze geht auch noch durch die Presse, der Ruf ist ruiniert. Das Problem kann längst begrenzt sein (eben durch die Offenheit, mit der es gehandhabt wurde), der demolierte Ruf bleibt noch eine Weile haften. Möglicherweise sind die tatsächlichen Zustände schon längst besser als die an anderen Schulen, in denen das Problem unter der Decke schwelt oder erfolgreich unter den Teppich gekehrt worden ist. Welche Situation ist besser? Dass der Ruf immer älter ist als die Tatsachen, gilt genauso für die Schulen mit einem besonders positiven Bild in der Öffentlichkeit. Lassen Sie sich nicht von Gerüchten beeinflussen, sondern verschaffen Sie sich selbst einen Eindruck.

Was tun, wenn die Familie nicht einig ist?

Wer wird das Kind in seinem schulischen Werdegang die nächsten sechs oder neun Jahre begleiten? Sie – oder ein Familienmitglied, das Ihnen abrät? Die Entscheidung über die Schullaufbahn können nur diejenigen fällen, bei denen das Kind lebt, die also das tägliche Lernverhalten und möglicherweise eben den Stress, die Ermüdung, die Frustrationen unmittelbar erleben. Das ist manchmal kritisch bei dem gemeinsamen Sorgerecht geschiedener Eltern. Oft tendiert der „Sonntags-Vater" zu einer anderen Entscheidung als die „Alltags-Mutter". Durchsetzen sollte sich derjenige, der die alltägliche Konsequenz tragen muss, also Motivierungsversuche, Hausaufgabenbetreuung, Fördermaßnahmen, unerfreuliche Gespräche mit der Schule ...

Fordert eine anspruchsvolle Schule zum Lernen heraus?

Sicher gibt es Kinder, auf die das zutrifft. Es ist nur fraglich, ob die Wahl einer besonders anspruchsvollen Schule das richtige Mittel ist, um Kinder zu motivieren. Fast alle Kinder sind erst einmal leistungsbereit, freuen sich über ihre Lernfortschritte und das Gelingen, später über gute Noten. Aber manche Kinder machen die Erfahrung, dass sie mit viel Aufwand nur das erreichen können, was einige Klassenkameraden mühelos und ohne sichtbare Anstrengung schaffen. Da ist es eine verständliche Reaktion, sich mit mäßigen Leistungen zu begnügen.
Man erlebt oft, dass Kinder, die sich mühevoll durch die Grundschule gequält haben, auf der Hauptschule regelrecht aufdrehen. In der schmaleren Konkurrenzgruppe dort ist es leichter, Leistungen zu bringen, es kommt mal eine Drei oder Zwei zustande – und oft genug ist plötzlich die Freude an der Leistung wieder da, manchmal sogar Ehrgeiz.

Falsch entschieden – was jetzt?

Schön wär's ja, viele Eltern wären zufrieden und stolz, wenn ihre Tochter oder ihr Sohn vom Spiel mit bunten Holzbuchstaben in der ersten Klasse der Grundschule schnurstracks zur feierlichen Überreichung des Abitur-Zeugnisses dreizehn (Schul-)Jahre später „durchmarschieren" könnte. Aber alles besorgte Reden wird ins Leere gehen, aller Druck, doch fleißiger zu sein und die guten Möglichkeiten zu nutzen, wird erfolglos bleiben, wenn eine Schülerin, ein Schüler die erforderlichen Leistungen nicht erbringen kann. Besser ist dann der rechtzeitige Blick auf Alternativen. Denn unser schulisches Ausbildungssystem ist flexibel gestaltet und weist eine breite Palette an Wahlmöglichkeiten auf: *Viele* Wege führen zu einem Abschluss, der Chancen auf dem Arbeitsmarkt eröffnet.

Auch Umwege führen zum Ziel: Eine Schullaufbahn ist keine Sackgasse.

Nehmen wir als Beispiel einen Schüler am Gymnasium, der nach dem ersten Halbjahr in Klasse acht einen Warnhinweis in seinem Zwischenzeugnis liest: Versetzung gefährdet.

Er kann nun

- freiwillig wiederholen (Antrag der Eltern bis spätestens eine Woche nach Ausgabe der Zwischenzeugnisse; Vorteile: Der eigene Entschluss kann motivierend wirken; dieser Vorgang gilt nicht als Wiederholung im üblichen Sinne; Einschränkung: Dieser Weg ist nur dann sinnvoll, wenn lediglich in einem Fach oder in zwei Fächern Lücken zu füllen sind oder wenn Krankheit und nicht Leistungsverweigerung den Engpass verursacht hat; im letzteren Fall ist ein Schulwechsel vorzuziehen);

- in ein Gymnasium mit einem anderen Schwerpunkt übertreten (zum Beispiel von einem musischen in ein neusprachliches oder in ein privat geführtes Gymnasium; dies ist in der Regel aber erst zum Schuljahresbeginn möglich);
- in die achte Jahrgangsstufe einer Realschule überwechseln (allerdings mit der Folge, dass wohl unbekannter Stoff aus schulart-typischen Fächern nachgearbeitet werden muss);
- an die Hauptschule wechseln (dies gilt weithin als – auch sozialer – Abstieg, weil die Hauptschule nicht den besten Ruf hat und deren Schüler häufig als wenig motiviert, teilweise gewaltbereit gelten; dafür sind die Erfolgsaussichten groß, den qualifizierten Hauptschulabschluss zu erreichen, von dem aus der mittlere Schulabschluss nach der Freiwilligen 10. Hauptschulklasse angesteuert werden kann; und dann gilt: schulischer Erfolg bringt immer auch eine persönliche Stabilisierung mit sich);

Ein Abschluss ist auf verschiedenen Wegen erreichbar.

- auf eine spätere Nachprüfung setzen (nicht in allen Bundesländern eingeführt; in *einem* der beiden mit der Note Fünf bewerteten Fächer findet nach den Sommerferien eine schriftliche und mündliche Überprüfung statt; erreicht der Schüler mindestens ein Ausreichend, wird er nachträglich versetzt);
- die Nichtversetzung in Kauf nehmen und anschließend eine Ehrenrunde drehen.

Das Allerwichtigste bleibt, überhaupt einen qualifizierenden Abschluss zu erreichen. Dessen einfachste Form, der Hauptschulabschluss, berechtigt zur Anmeldung an einer Berufsfachschule (auch dann, wenn alle weiteren schulischen Stricke an der Realschule oder am Gymnasium reißen sollten). Und zur Fachhochschulreife gelangt unser Schülerrinnen und Schüler nicht nur per Abitur, Fachabitur oder mittlerer Reife; auch das Abschlusszeugnis einer Berufsoberschule oder eine extern abgelegte Abschlussprüfung an der Fachoberschule nach der zwölften Jahrgangsstufe am Gymnasium eröffnet ihm oder ihr diesen Ausbildungsgang. Manchmal ist ein vermeintlicher Umweg der richtige Weg.

Weitere Möglichkeiten, nach dem Abschluss der Sekundarstufe I das Abitur zu machen, bieten die Berufskollegs sowie die Gymnasien an Berufsschulen (zum Beispiel Wirtschaftsgymnasium).
Nähere Auskünfte über die Möglichkeiten in Ihrem Bundesland erhalten Sie von Ihrer Schule, vom schulpsychologischen Dienst oder vom Kultusministerium.

Es gibt immer einen Weg

Unser Bildungssystem ist durchlässig angelegt, es ermöglicht unter anderem den Wechsel in eine andere Schulart. Dies gilt vor allem für die Klassen fünf und sechs, die als Orientierungs- oder Beobachtungsstufe eingerichtet worden sind. Aber auch später kann – bei hohen bzw. schwachen Leistungen – ein Wechsel nach oben oder unten erfolgen.
Dies klingt, als stehe beides in einem ausgewogenen Verhältnis zueinander. Das ist nicht der Fall. Gewechselt wird vor allem nach unten. In Nordrhein-Westfalen kommen auf fünf Aufsteiger einhundert Absteiger, so eine Untersuchung des Dortmunder Instituts für Schulentwicklungsforschung. Vor zwanzig Jahren waren es achtmal mehr Aufsteiger.
Etwas Gelassenheit sollten Eltern jedenfalls mitbringen. Oft geht ihnen das Prinzip Sicherheit über alles: immer geradeaus auf der Autobahn zum Erfolg, bloß keinen Umweg riskieren. Dabei könnte sich gerade der Umweg als Vorzug entpuppen. Kinder, die sich durchgebissen haben, sind später wesentlich belastbarer.
Wenn ein Heranwachsender, aus welchem Grund auch immer, in einer Schulform scheitert oder nicht den angestrebten Abschluss erreicht, dann steht ihm – unter bestimmten Voraussetzungen – noch der zweite Bildungsweg offen. Mit einer Ausbildung auf diesem Wege kann man nach drei oder vier Jahren die Abiturprüfung ablegen und anschließend studieren.

Ein Umweg kann sich auszahlen

Hanna, Lehrerstochter aus Elze bei Hannover, hatte schon nach sechs Monaten in der 7. Klasse des Gymnasiums die Nase voll. In der Pause packte die 13-Jährige der verdutzten Sekretärin die Bücher auf den Schreibtisch und verkündete: „Hier komme ich nie wieder hin." Sie wollte auf die Realschule, auf die auch ihre Freundinnen gingen. Das Gymnasium fand das selbstbewusste Mädchen „einfach gruselig": unpersönlich, konservative Lehrer, einseitig leisungsorientiert, keine Mitschüler aus ihrem Dorf. „Ich war grottenschlecht, schrieb lauter Fünfen und gab den Klassenclown." Ehe sie sich durchsetzte, bekam sie jede Menge Stress mit ihrem Vater, der das einzig angemessene Bildungsziel für seine Tochter schwinden sah: das Abitur.

Genau umgekehrt machte es Richard, Postbeamter und Ortsvorsteher im schwäbischen Altingen. Seine Tochter Carmen hatte eine Realschulempfehlung. Doch er schickte sie auf die Hauptschule im Dorf, die für ihren fortschrittlichen Unterricht weit über die Region hinaus bekannt ist. Danach absolvierte Carmen zunächst eine Bürolehre und ging als Aupairmädchen ein halbes Jahr nach England. Sie wollte danach „was mit Kindern" machen – aber das war schwierig für sie, denn ihr Hauptschulabschluss reichte nicht für die Ausbildung, die ihr vorschwebte. Sie holte deshalb an einer Berufsaufbauschule in Stuttgart den Realschulabschluss nach. Ihre Lehrer ermutigten das talentierte Mädchen, auch noch das Fachabitur zu machen. Das tat Carmen inzwischen hat sie das Staatsexamen an der Pädagogischen Hochschule mit Note 1,8 abgelegt. Demnächst kehrt Carmen in eine Hauptschule zurück – als Referendarin.

Auch für Hanna, die so abrupt auf die Realschule wechselte, entpuppte sich ein Umweg als Vorzug. Als sie in der 9. Klasse ihr Betriebspraktikum im Kindergarten absolvierte, kamen ihr erste Zweifel an der eigenen Schulwahl. Mit Kindern arbeiten, das war okay, aber vielleicht doch lieber als studierte Sozialpädagogin. Hanna büffelte, ging nach dem Realschulabschluss wieder auf ein Gymnasium und schaffte das Abi. Heute studiert sie Jura. „Wären meine Eltern damals bloß ein bisschen entspannter mit mir umgegangen", sagt sie, „dann hätten wir uns alle viel Stress ersparen können." Die Beispiele ließen sich sicher erweitern. Die Schule ist nicht das einzig WWichtige im Leben Ihres Kindes.

Es geht auch anders

Deutschland: Auslese per Dreigliedrigkeit; andere Länder: gemeinsames Lernen, differenzierte Förderung.

Der Pisa-Schock könnte der Ausgangspunkt für eine umfassende Reform unseres Schulwesens und der Bildungspolitik sein. Das Prinzip „Weiter so!“ wird sich nicht länger halten lassen. In der öffentlichen Diskussion nimmt die kritische Auseinandersetzung mit unserem dreigliedrigen Schulsystem breiten Raum ein. Der Vorsitzende des Grundschulverbandes, Horst Bartnitzky, kritisiert in einer Pressemitteilung die aus seiner Sicht verfrühte Auslese: „Das hochselektive deutsche Schulsystem soll besonders leistungsfördernd sein – tatsächlich aber erzeugt es die gegenteiligen Effekte. International einmalig ist die Dichte an Auslesesituationen: Auslese schon beim Schulstart, Auslese am Ende eines jeden Schuljahres, Auslese bereits nach Klasse 4, Auslese in Gute und Schlechte täglich durch Noten oder Punktsysteme, Auslese Behinderter an Sonderschulen. Erfolgreichere Länder setzen auf langes gemeinsames Lernen, auf differenzierte Förderung und auf insgesamt mehr Zeit zum Lernen.“

„Jetzt nennen Sie bitte ganz schnell noch den Satz aus Ihrer Schulzeit, der Ihnen am stärksten in Erinnerung geblieben ist“, bittet der Fernsehmoderator zum Schluss der Diskussionsrunde zur Bildungspolitik auf WDR 3. Vier von fünf Antworten sind Variationen auf: „Aus dir wird nie etwas.“ Und da sitzen eine Kultusministerin und andere Gäste, die es dennoch weit gebracht haben. Aber die Wunde blieb.

Ein Verdacht bleibt: Vielleicht gehen auch die bestgemeinten Vorschläge für eine Reform unseres Schulsystems an der zentralen Frage vorbei: Wie können wir erreichen, dass Lehrer ihren Schülern mit Wertschätzung begegnen? Dass sie ihnen individuelle Lernhilfen an die Hand geben, sich um sie kümmern und ihnen so – auch durch ansteckenden Optimismus – die schulischen Laufbahnen weit öffnen? Jukka Sarjala, der Präsident des Zentralamts für Unterrichtswesen in Helsinki, sagt es so: „Wenn man die Schüler nicht vor der neunten Klasse trennt, bringt das Ruhe und Konzentration in die Schule. Schließlich sind die Schüler dann nicht – wie auf den Gymnasien in Deutschland – unter Druck, einen vermeintlichen Abstieg in die Realschule zu vermeiden. Schüler, Lehrer und auch Politiker könnten sich ganz ums Lernen und um andere wichtige Dinge kümmern".

Statt Rotstiftkultur ist Ermutigung der Schülerinnen und Schüler gefragt.

Kontinuierliche Schullaufbahnberatung

Nur an ganz wenigen Stellen der Schulzeit erfolgt eine Schullaufbahnberatung. Es geht auch anders und besser. In Amerika wird unter dem Begriff „Career deve-lopment" ein Prozess verstanden, der sich über die gesamte Schulzeit erstreckt. In regelmäßigen Abständen wird die Schullaufbahn eines Schülers unter verschiedenen Fragestellungen thematisiert. Es geht dabei um

- die Förderung des Nachdenkens über die eigene Arbeit,
- die Information über Stärken und Schwächen,
- Möglichkeiten der Hilfe und Unterstützung,
- kontinuierliche Schullaufbahnberatung, die auch ermöglicht, Weichen immer wieder neu zu stellen.

So wird erreicht, dass der Weg zum Erfolg ein nachhaltiges Thema bleibt und Entscheidungen nicht unvermittelt getroffen werden müssen. Dies entlastet die Schüler, deren Eltern und die Lehrkräfte gleichermaßen. In gewisser Weise sind diese Gespräche vergleichbar mit den kontinuierlichen Unterredungen, die Schulleiter mit ihren Lehren führen.

Der Lehrer als Coach: nicht nur messen und bewerten, sondern auch regelmäßig beraten und unterstützen.

Serviceteil

Übergang von der Grundschule in Schulen des Sekundarbereichs I: die Übergangsregelungen der Länder

Baden-Württemberg

Übergang nach Klasse 4 der Grundschule:

Hauptschule	Realschule	Gymnasium
auf Empfehlung der Grundschule	auf Empfehlung der Grundschule	auf Empfehlung der Grundschule
	Deutsch und Mathematik mindestens Note 3,0	Deutsch und Mathematik mindestens Note 2,5

Für die jeweilige Empfehlung ausschlaggebend:

- Lern- und Arbeitsverhalten
- gesamte Schulleistungen
- bisherige Entwicklung

Zusätzliche Bestimmungen:

Wenn Eltern die Grundschul-Empfehlung nicht akzeptieren:

a) besonderes Beratungsverfahren, Klassenkonferenz plus Beratungslehrer; gemeinsame Bildungsempfehlung

b) (falls die Eltern auch damit nicht einverstanden sind) Teilnahme an einer Aufnahmeprüfung an zentral gelegenen Gesamtschulen (auch ohne das besondere Beratungsverfahren möglich); Mindestanforderungen dieser Prüfung
   - für die Realschule: Deutsch und Mathematik mindestens 3,0; in jedem der beiden Fächer mindestens 4,0
   - für das Gymnasium: Deutsch und Mathematik mindestens 2,5; landeseinheitlich, vom Kultusministerium vorgegeben

Bayern

Übergang nach Klasse 6 der Realschule; 7, 8, 9 der Hauptschule; 6, 7, 8, 9 des Gymnasiums:

Realschule	Gymnasium
ohne Probeunterricht: positives Übertrittszeugnis (Wortgutachten) der HS für Jg. 7 der RS; („Eignung“: in Deutsch, Mathematik, Englisch mindestens Durchschnittsnote 2,5 und entsprechendes Wortgutachten); mit dreitägigem Probeunterricht, falls kein positives Gutachten vorliegt; endgültige Aufnahme nach Probezeit; Höchstalter: am 1. August noch nicht 15 Jahre alt (Ausnahmen durch den Schulleiter)	nach Kl. 4 der Grundschule, z.T. nach Kl. 5 der HS; ohne Probeunterricht: positives Übertrittszeugnis (Wortgutachten) der Grundschule („Eignung“: in Deutsch, Mathematik, Heimat- u. Sachkunde mindestens Durchschnittsnote 2,5 und entsprechendes Wortgutachten) Falls Übergang nach Klasse 5 der Hauptschule, kommt das Fach Englisch noch hinzu; mit dreitägigem Probeunterricht, falls kein positives Gutachten vorliegt Bei Übertritt in ein musisches Gymnasium: zusätzliche Prüfung der musikalischen Begabung; Höchstalter: am 1. August noch nicht 15 Jahre alt (Ausnahmen durch den Schulleiter)

Berlin

Übergang nach Klasse 6 der Grundschule:

Hauptschule	Realschule	Gymnasium	Gesamtschule
Entsprechendes Gutachten des Klassenlehrers	Entsprechendes Gutachten des Klassenlehrers Erstes Schulhalbjahr auf Probe; bei Nichteignung Schulzweigwechsel	Entsprechendes Gutachten des Klassenlehrers Erstes Schulhalbjahr auf Probe; bei Nichteignung Schulzweigwechsel	Entsprechendes Gutachten des Klassenlehrers

Erläuterung: Hauptschule, Realschule und Gymnasium bilden in Berlin die so genannten Oberschulzweige.

Ergänzende Bestimmung: Bei abweichendem Elternwunsch bieten Schulleiter und Klassenlehrer eine zusätzliche Beratung an.

Brandenburg			
Übergang nach Klasse 6 der Grundschule:			
Hauptschule	**Realschule**	**Gymnasium**	**Gesamtschule**
Entscheidung des Schulleiters	Entscheidung des Schulleiters	Entscheidung des Schulleiters	Entscheidung des Schulleiters
In allen Schulformen: Bei Überschreiten der Aufnahmekapazität kommt es zu einem Auswahlverfahren; die Eignungsfeststellung erfasst die Bereiche Fähigkeiten, Leistungen, Neigungen, allgemeine Entwicklung; Aufnahmeprüfungen sind nicht vorgesehen.			

Bremen	
Übergang nach Klasse 4 der Grundschule:	
Orientierungsstufe	**Gesamtschule**
Jahrgänge 5 und 6	Jahrgänge 5 und 6
Übergang nach Klasse 6 der Orientierungsstufe oder der Gesamtschule	
Die Eltern wählen nach Beratung durch die Lehrkräfte den weiterführenden Bildungsgang.	Alle Schülerinnen und Schüler durchlaufen gemeinsam die Jahrgänge 7–10.

Hamburg

Übergang nach Klasse 4 der Grundschule:

Hauptschule / Realschule	Gymnasium	Gesamtschule
Beobachtungsstufe (5./6. Kl.) der Haupt- und Realschule; keine Versetzung zwischen Klasse 5 und 6 (Geplante Änderung: Aufhebung der gemeinsamen Beobachtungsstufe und Einführung der schulartbezogenen Klassen ab Klasse 5 an Haupt- und Realschulen)	Beobachtungsstufe (5./6. Kl.) des Gymnasiums; keine Versetzung zwischen Klasse 5 und 6; Voraussetzung für die Aufnahme ist, dass Leistungsentwicklung und Lernstand eine erfolgreiche Teilnahme am Unterricht erwarten lassen	Die Schülerinnen und Schüler rücken nach dem Besuch einer Jahrgangsstufe ohne Versetzung in die nächsthöhere Jahrgangsstufe auf. Über die Einstufung in einen Fachleistungskurs entscheidet die Zeugniskonferenz. Bei Widerspruch der Eltern: probeweise Aufnahme (sechs Unterrichtswochen) in den gewünschten Kurs. Am Ende der Probezeit entscheidet die Zeugniskonferenz endgültig über die Einstufung.

anschließend Übergang (ohne Versetzung) nach

Hauptschule	Gymnasium
Klasse 7 der HS	Klasse 7 der HS Voraussetzung: in zwei der Fächer Deutsch, Mathematik, 1. Fremdsprache mindestens Note 4. Bei 2 x Note 5 in diesen Fächern Übergang möglich, wenn im dritten Fach mindestens die Note 3 erreicht ist und in zwei der Fächer Geschichte, Erdkunde, Biologie, Physik mindestens die Note 4
Realschule	
Klasse 7 der RS Voraussetzung: Durchschnitt aller Fächer mindestens befriedigend; befriedigend auch mindestens in zwei der Fächer Deutsch, Mathematik, 1. Fremdsprache Klasse 7 des Gymnasiums Voraussetzung: Durchschnittsnote von 2,5 und mindestens Note zwei in zwei der Fächer Deutsch, Mathematik, 1. Fremdsprache	Klasse 7 des Gymnasiums Voraussetzung: in allen Fächern mindestens ausreichende Leistungen; für nicht ausreichende Leistungen Ausgleich durch mindestens befriedigende Leistungen in anderen Fächern; Durchschnittsnote in den Fächern Deutsch, Mathematik, 1. Fremdsprache mindestens 4

Grundsätzliche Bestimmung: Die Eltern entscheiden letztlich in eigener Verantwortung, welche der weiterführenden Schulformen die Schülerin oder der Schüler im Anschluss an die Grundstufe besuchen soll.

Zusätzlich zum Zeugnis der Grundschule, 4. Klasse: gesonderte Empfehlung der Zeugniskonferenz im Blick auf Leistungsentwicklung und Lernstand in Deutsch, Mathematik und Sachunterricht

Hessen

Übergang nach Klasse 4 der Grundschule:

Hauptschule – Realschule – Gymnasium – kooperative Gesamtschule, Förderstufe – integrative Gesamtschule

Die Wahl des Bildungsganges nach dem Besuch der Grundschule ist Sache der Eltern. Der Besuch eines weiterführenden Bildungsganges setzt Eignung voraus.

Informationsabende mit Beratung der Eltern finden in allen Grundschulen am Ende des ersten Halbjahres in Klasse 4 statt.

Bei Wahl der Realschule oder des Gymnasiums oder der kooperativen Gesamtschule nimmt die Klassenkonferenz unter dem Vorsitz des Schulleiters dazu schriftlich Stellung. Wird hierbei dem Wunsch der Eltern widersprochen, ist ihnen eine erneute Beratung anzubieten. Halten die Eltern ihre Entscheidung aufrecht, erfolgt die Aufnahme in den gewählten Bildungsgang.

Schülerinnen und Schüler, die gegen die Empfehlung der Klassenkonferenz die fünfte Jahrgangsstufe der Realschule, des Gymnasiums oder der kooperativen Gesamtschule besuchen und den Anforderungen nicht genügen, können am Ende des Schulhalbjahres von der besuchten Schule in eine andere Schulform versetzt werden.

Mecklenburg-Vorpommern

Übergang nach Klasse 4 der Grundschule:

in die weiterführenden Schularten und Bildungsgänge

Im Laufe des 1. Schulhalbjahres der Jahrgangsstufe vier informiert die Schule die Erziehungsberechtigten über die Ziele und Aufgaben der weiterführenden Schularten und Bildungsgänge sowie über den Ablauf des Übergangsverfahrens.
Die Klassenkonferenz beschließt in Vorbereitung des Halbjahreszeugnisses eine Schullaufbahnempfehlung. Diese Empfehlung wird den Erziehungsberechtigten in Einzelgesprächen umfassend erläutert.

Niedersachsen

Übergang nach Klasse 6 der Orientierungsstufe:

in die weiterführenden Schularten und Bildungsgänge

Mit Beginn der siebten Jahrgangsstufe gehen die Schülerinnen und Schüler von der Orientierungsstufe in die Hauptschule, die Realschule oder in das Gymnasium bzw. in eine Kooperative Gesamtschule. Die Eltern entscheiden auf der Grundlage einer gutachterlichen Empfehlung der Orientierungsstufe über die weitere Schullaufbahn ihres Kindes.

(Geplante Änderung: Ab Schuljahr 2004/05 beginnen die weiterführenden Schulformen Hauptschule, Realschule und Gymnasium mit Klasse 5.)

Nordrhein-Westfalen

Übergang nach Klasse 4 der Grundschule:

Hauptschule – Realschule – Gymnasium – Gesamtschule

Voraussetzung für die Aufnahme in die fünfte Klasse einer Schule der Sekundarstufe I: Versetzungszeugnis der Grundschule.

Mit dem Halbjahreszeugnis der Klasse 4 erhalten die Erziehungsberechtigten eine begründete Empfehlung der Klassenkonferenz (als Versetzungskonferenz) für die Schulform, die am besten geeignet erscheint. Grundlage der Empfehlung: Leistungsstand der Schülerin oder des Schülers. Daneben ist ein Beratungsgespräch mit den Erziehungsberechtigten vorgesehen.

Rheinland-Pfalz

Übergang nach Klasse 4 der Grundschule:

Hauptschule – Realschule – Regionale Schule – Gymnasium – Integrierte Gesamtschule – Orientierungsstufe

Im Lauf der Klasse 4 wird der Übergang vorbereitet:

- Beratung der Eltern durch Lehrkräfte der Grundschule und der aufnehmenden Schule
- Empfehlung (Grundlage: bisherige Entwicklung, Lernverhalten, Leistungen).

Die Eltern entscheiden frei und in eigener Verantwortung.

Saarland

Übergang nach Klasse 4 der Grundschule:

Erweiterte Realschule – Gesamtschule

Pflichtschule; keine besondere Empfehlung nötig

Gymnasium

Wahlschule, daher müssen Voraussetzungen erfüllt sein. Die Klassenkonferenz gibt im Halbjahreszeugnis der Klassenstufe 4 eine „Zusammenfassende Beurteilung".

Grundlagen und Voraussetzungen:

- Lern- und Leistungsentwicklung, Arbeitshaltung, Sozialverhalten, Denkvermögen, sprachliche Ausdrucksfähigkeit
- im Halbjahreszeugnis der Klasse 4 muss in einem der beiden Fächer Deutsch und Mathematik mindestens die Note 2 stehen und in dem anderen der beiden Fächer mindestens die Note 3

Ermessensspielraum:

Der erste Aspekt hat Vorrang, deshalb kann die Klassenkonferenz den Übergang beschließen, obwohl die Bedingungen des zweiten Aspekts nicht erfüllt sind.

Wünschen die Eltern trotz Ablehnung durch die Klassenkonferenz den Besuch des Gymnasiums, muss der Schüler an einem Übergangsverfahren teilnehmen: Absolvieren einer Unterrichtsphase von jeweils vier Unterrichtsstunden an zwei aufeinander folgenden Tagen. Entscheidende Kriterien für den Erfolg: mündliche und schriftliche Leistungen vor allem in Deutsch und Mathematik (die schriftlichen Aufgaben werden landeseinheitlich vorgegeben). Bei Erfolg Aufnahme ins Gymnasium, bei Scheitern Anmeldung an einer erweiterten Realschule oder einer Gesamtschule.

Sachsen

Übergang nach Klasse 4 der Grundschule:

Mittelschule	Gymnasium
Alle Schülerinnen und Schüler, die das nebenstehende Leistungsprofil nicht erreicht haben, besuchen die Mittelschule. Falls ein für die Mittelschule empfohlener Schüler seine Ausbildung am Gymnasium fortsetzen möchte, muss er eine schriftliche Aufnahmeprüfung ablegen (Deutsch und Mathematik). Er hat bestanden und kann wechseln, wenn der Durchschnitt seiner Noten in Deutsch und Mathematik besser ist als 2,5.	Durchschnitt der von der Schülerin oder dem Schüler zum Halbjahr der vierten Klassenstufe erreichten Noten in den Fächern Deutsch und Mathematik besser als 2,5. Die Bildungsempfehlung für das Gymnasium wird auch erteilt, wenn der Schüler am Ende des vierten Schuljahrganges in Deutsch und Mathematik einen Notendurchschnitt erreicht, der besser ist als 2,5.

Ergänzende Bestimmungen:

Am Ende der Klassenstufe 3 werden die Eltern über die möglichen Bildungswege informiert. Die Eltern teilen dem Klassenlehrer schriftlich mit, ob ihr Kind die Mittelschule oder das Gymnasium besuchen soll.

Im zweiten Halbjahr der Klassenstufe 4 teilt die Lehrerkonferenz den Eltern schriftlich die Bildungsempfehlung mit (Mittelschule oder Gymnasium).

Sachsen-Anhalt

Übergang nach Klasse 4 der Grundschule:

Förderstufe der Sekundarschule	Sekundarschule	Gymnasium	Förderstufe der Gesamtschule
Keine besondere Empfehlung nötig	In einer Eignungsprüfung muss der Schüler nachweisen, dass er die Aufnahmevoraussetzungen erfüllt.	In einer Eignungsprüfung muss der Schüler nachweisen, dass er die Aufnahmevoraussetzungen erfüllt.	Keine besondere Empfehlung nötig

Anmerkung:

Die Klassenverbände der Grundschule werden fortgeführt.

Schleswig-Holstein

Übergang nach Klasse 4 der Grundschule:

Orientierungsstufe

Die Klassenlehrer der Klassenstufe vier in der Grundschule unterrichten die Eltern am Ende des ersten Schulhalbjahres in Elternversammlungen über die Aufgabe der Orientierungsstufe und den Ablauf des Verfahrens. Sie informieren auch über die Ziele, Anforderungen und Arbeitsweisen der unterschiedlichen Schularten.

Ebenfalls in der Klassenstufe vier der Grundschule: Die Klassenkonferenz beschließt einen Entwicklungsbericht mit Schulartempfehlung.

Die Beratungsbroschüre zur Orientierungsstufe, der Entwicklungsbericht und die Schulartempfehlung werden den Eltern zusammen mit dem Halbjahreszeugnis ausgehändigt.

Eine Empfehlung für die Gesamtschule muss nicht ausdrücklich erteilt werden, da hier die Entscheidung später fällt.

Die Klassenlehrer laden die Eltern zu einem Einzelgespräch über den Entwicklungsbericht ein. Die Eltern entscheiden nach der Beratung darüber, welche Schulart ihr Kind besuchen soll. (Geplante Änderung: Streben die Eltern für ihr Kind eine von der Schulübergangsempfehlung abweichende Schulart an, sind sie unter Vorlage der Schulübergangsempfehlung, des Halbjahreszeugnisses und des aktuellen Lernplanes zur Teilnahme an einer individuellen Beratung verpflichtet. Diese Beratung ist von der empfohlenen und von der gewählten Schule gemeinsam durchzuführen. Kommen die Eltern dieser Beratung nicht nach, sind sie verpflichtet, ihr Kind an einer Schule der Schulart anzumelden, für die eine Empfehlung vorliegt.)

Übergang nach Klasse 6 der Orientierungsstufe: Wechsel je nach Empfehlung und Beratung zur Hauptschule, Realschule, zum Gymnasium (in der Gesamtschule: Vorrücken ohne Versetzung bis in den Jahrgang 10).

Thüringen

Übergang nach Klasse 4 der Grundschule:

Regelschule	Gymnasium
Alle Schülerinnen und Schüler, die die Voraussetzungen für den Besuch eines Gymnasiums nicht erfüllen	Voraussetzung für den Übertritt in Klassenstufe 5 ist das Bestehen einer Aufnahmeprüfung: Probeunterricht an drei aufeinander folgenden Tagen mit jeweils vier Unterrichtsstunden. Diese Prüfung entfällt, wenn die Schülerin oder der Schüler – im Halbjahreszeugnis der Klassenstufe 4 in den Fächern Deutsch, Mathematik sowie Heimat- und Sachkunde jeweils mindestens die Note 2 erreicht hat oder – auf Antrag der Eltern eine Empfehlung der Klassenkonferenz für den Übertritt an ein Gymnasium erhält.

Ergänzende Bestimmung: Die Eltern von Kindern der 4. Klasse der Grundschule werden in Elternversammlungen und in Gesprächen mit den Lehrkräften über die möglichen schulischen Bildungswege informiert.

Literaturempfehlungen

Handbuch deutscher Internate
Arbeitsgemeinschaft Freier Schulen (Hrsg.): Wie finde ich das richtige Internat für mein Kind? Neuwied, Luchterhand 2002

Handbuch freie Schulen
Arbeitsgemeinschaft Freier Schulen (Hrsg.): Reinbek, Rowohlt 1999

Ein Leitfaden durch das Schulsystem
Rendant, Marie-Louise: Wo unsere Kinder lernen. Reinbek, Rowohlt 1999

Schul-Guide
Eltern for family: Welche Schule für mein Kind? Erscheint regelmäßig bundesweit in Regionalausgaben.

Nützliche Adressen für Deutschland

Privatschulen
agfs.org
Internetadresse der Arbeitsgemeinschaft Freier Schulen

Bundesverband der freien Alternativschulen e. V.
In den Orthöfen 6
45770 Marl
Telefon: 023 65/29551 70
Fax: 023 65/29551 71

Arbeitskreis Katholischer Schulen (AKS)
Kaiserstr. 163
53115 Bonn
Telefon: 0228/103-2 50
Fax: 0228/103-2 01

Arbeitsgemeinschaft Evangelischer Schulbünde e. V.
Heidehofstr. 49
70184 Stuttgart
Telefon: 0711/480765
Fax: 0711/4807680

Vereinigung Deutscher Landerziehungsheime e. V.
Libanonstr. 3
70184 Stuttgart
Telefon: 0711/2598867
Fax: 0711/4808862

Bundesverband Deutscher Privatschulen (VDP)
Darmstätter Landstr. 85 A
60598 Frankfurt/Main
Telefon: 069/60 91 89-0
Fax: 069/60 91 89-10

Privatschulvermittlung
www.privatschulberatung.de

www.privatschulen.de

www.montessori.de
Internetadresse der Montessori-Schulen

www.waldorfschule.info
Internetadresse der Waldorf-Schulen

Internatsvermittlung

Institut für Internatsberatung
Panoramastraße 19
77815 Bühl (Baden)
Telefon: 0 72 23/2 61 23
Fax: 0 72 23/25 01 81

Schüler-Internat-Vermittlung GmbH
Hainallee 51
44139 Dortmund
Telefon: 02 31/1 06 06 63
Fax: 02 31/1 06 06 99

EURO Internatsberatung
Grillparzerstraße 46
81675 München
Telefon: 0 89/4 55 55 50
Fax: 0 89/45 55 55 44

EURO Internatsberatung Berlin
Alexander Plaza Business Center
Rosenstraße 2
10178 Berlin
Telefon: 0 30/2 43 10 21 29
Fax: 0 30/2 43 10 25 40

Töchter und Söhne
Abeggstraße 1
65193 Wiesbaden
Telefon: 06 11 /1 80 58 80
Fax: 06 11/1 8058 88

Barbara Glasmacher Internationale Schulberatungs GmbH
Agnesstraße 47
80798 München
Telefon: 0 89/3 84 05 40
Fax: 0 89/38 40 54 20

Zentralstelle für Internatsberatung – ZFI
Postfach 1142
Bismarckstraße 13 E
35301 Grünberg/Hessen
Telefon: 06401/90 30 22
(Mo.-Fr. 8.30-11.30 Uhr)
www. zfi-internatsberatung. de

Psychologenverband
Bundesverband Deutscher Psychologinnen und Psychologen
Sektion Schulpsychologie
Dr. Bernd Jötten
Kirschenweg 3
29223 Celle
Telefon: 05136/6085
Fax: 05156/894164
E-Mail: Dr.Joetten@t-online.de
www.schulpsychologie.de

Bundeselternrat
Bundeselternrat – Arbeitsgemeinschaft der Landesvertretungen in der Bundesrepublik Deutschland
Görresstr. 13
53113 Bonn
Telefon: 0228/2699-263 oder 283
www.bundeselternrat.de

Redaktionsschluss für die Überprüfung der WWW-Adressen: 31. Mai 2003
Wir können nicht ausschließen, dass unter einer solchen Adresse inzwischen ein anderer Inhalt angeboten wird.

Nützliche Adressen für Österreich

Bundesministerium für Bildung, Wissenschaft und Kultur
Abteilung V/4
(Schulpsychologie-Bildungsberatung)
Freyung 1
1014 Wien
Telefon: 01/5 31 20
E-Mail: schulpsychologie@bmbwk.gv.at
www.bmbwk.gv.at

Landesverband Wien der Elternvereine an den öffentlichen Pflichtschulen
Wipplingerstraße 28
1010 Wien
Telefon: 01/4 07 18 99
Fax: 01/4 06 00 85
E-Mail: landesverband.wien@wbn.wien.at
www.elternverband-wien.at

Verband der Elternvereine an höheren Schulen Wiens (AHS, BMHS)
Friedlgasse 53/4
1190 Wien
Telefon: 01/32 82-24
Fax: 01/32 82 31
E-Mail: elternverband@utanet.at
www.elternverband.at

Internettipps

www.elternweb.at
Hilfen speziell für Eltern

www.elternforum.at
Informations- und Kommunikationsplattform

www.bmbwk.gv.at
Das österreichische Bildungsministerium

www.schulpsychologie.at

Nützliche Adressen für die Schweiz

Schweizerische Vereinigung der Elternorganisationen SVEO
Sekretariat
Fliederstraße 9
8908 Hedingen
Telefon: 01/7 61 83 23
Fax: 01/761 83 42
E-Mail: sveo@rat.ch
www.sveo.rat.ch

Verband SKJP
Schweizerische Vereinigung für Kinder- und Jugendpsychologie
Hauptgasse 35
Postfach 1029
4500 Solothurn
Telefon: 0 41/32 6 21 30 30
Fax: 0 41/32 6 21 30 38
E-Mail: info@skjp.ch
www.skjp.ch

Internettipps

www.schule-elternhaus.ch
Die deutschschweizerische Elternorganisation S&E engagiert sich für eine konstruktive Zusammenarbeit zwischen Eltern, Lehrern und Schulbehörden.

www.schule-online.ch